WILLIAM S

Othello

TRAGÖDIE

ÜBERSETZT VON
WOLF HEINRICH GRAF BAUDISSIN

HERAUSGEGEBEN VON
DIETRICH KLOSE

PHILIPP RECLAM JUN. STUTTGART

Englischer Originaltitel: Othello

8223

Universal-Bibliothek Nr. 21
Alle Rechte vorbehalten. © 1971 Philipp Reclam jun., Stuttgart
Gesamtherstellung: Reclam, Ditzingen. Printed in Germany 1983
ISBN 3-15-000021-1

PERSONEN[1]

H e r z o g *von Venedig*
B r a b a n t i o , *Senator*
Mehrere Senatoren
G r a t i a n o ,   }
L o d o v i c o ,   } *Verwandte des Brabantio*
O t h e l l o , *Feldherr: Mohr*
C a s s i o , *sein Leutnant*
J a g o , *sein Fähnrich*
R o d r i g o , *ein junger Venezianer*
M o n t a n o , *Statthalter von Zypern*
Ein Diener des Othello
H e r o l d
D e s d e m o n a , *Brabantios Tochter*
E m i l i a , *Jagos Frau*
B i a n c a , *Kurtisane*
Offiziere. Edelleute. Boten. Musikanten. Matrosen.
Gefolge usw.

Szene im ersten Aufzug in Venedig; hernach in Zypern.

. Die Reihenfolge und die Attribute der Personen sind nach Baudissin
elassen. Die englischen Ausgaben geben öfters ausführlichere Charakteri-
ierungen (z. B. Brabantio, ein venezianischer Senator, Desdemonas Vater)

ERSTER AUFZUG

ERSTE SZENE

Venedig. Eine Straße.

(Es treten auf Rodrigo und Jago.)

Rodrigo.
Sag² mir nur nichts, denn damit kränkst du mich –
Daß Jago, du, der meine Börse führte,
Als wär' sie dein – die Sache schon gewußt.

Jago. Ihr³ hört ja nicht! –
Hab ich mir je davon was träumen lassen,
Verabscheut mich!

Rodrigo. Du hast mir stets gesagt, du hassest ihn!

Jago. Verachte mich, wenn's nicht so ist.
Drei Mächtige aus dieser Stadt, persönlich
Bemüht, zu seinem Leutnant mich zu machen,
Hofierten ihm – und auf Soldatenwort,
Ich kenne meinen Preis – das kommt mir zu.
Doch er, verliebt in seinen Stolz und Dünkel,
Weicht ihnen aus, mit Schwulst, weit hergeholt,
Den er staffiert mit grausen Kriegssentenzen,
Und kurz und gut,
Schlägt's meinen Gönnern ab: denn traun – so spricht
                      er –
Ernannt schon hab ich meinen Offizier.
Und wer ist dieser?
Seht mir! ein gar ausbünd'ger Rechenmeister,
Ein Michael Cassio, ein Florentiner,
Ein Wicht, zum schmucken Weibe fast versündigt,⁴
Der niemals eine Schar ins Feld geführt,
Noch von der Heeresordnung mehr versteht
Als Jüngferchen; nur Büchertheorie,
Von der in seiner Toga wohl ein Ratsherr
So weislich spricht als er – all seine Kriegskunst

. Das erste Wort ist *tush* (pst!).
. Es fehlt: *Sblood* (Verdammt!).
. *A fellow almost damned in a fair wife* (Ein Bursche, fast verdammt
u einem schönen Weib). Die Deutung des Satzes ist umstritten. Wahr-
heinlich ist es eine Anspielung auf Bianca.

Geschwätz, nicht Praxis – *der* nun wird erwählt;
Und ich, von dem sein Auge Proben sah
Zu Rhodus, Zypern und auf anderm Boden,
Christlich und heidnisch, komm um Wind und Flut
Durch solchen Rechenknecht, solch Einmaleins;
Der, wohl bekomm's ihm, muß sein Leutnant sein,
Und ich, Gott besser's![5] seiner Mohrschaft Fähnrich.

R o d r i g o. Bei Gott! sein Henker würd' ich lieber sein!

J a g o. Da hilft nichts für; das ist der Fluch des Dienstes.
Beförderung geht Euch nach Empfehl' und Gunst,
Nicht nach ehmal'gem Rang[6], wo jeder Zweite
Den Platz des Vormanns erbt. Urteilt nun selbst,
Ob mich wohl irgend Recht und Dank verpflichtet,
Zu lieben diesen Mohren.

R o d r i g o. So dient' ich ihm auch nicht.

J a g o.   Oh, seid ganz ruhig.
Ich dien ihm, um mir's einzubringen; ei, wir können
Nicht alle Herrn sein, nicht kann jeder Herr
Getreue Diener haben. Seht Ihr doch
So manchen pflicht'gen, kniegebeugten Schuft,
Der, ganz verliebt in seine Sklavenfessel,
Ausharrt, recht wie die Esel seines Herrn
Ums Heu, und wird im Alter fortgejagt. –
Peitscht mir solch redlich Volk! Dann gibt es andre,
Die, ausstaffiert mit Blick und Form der Demut,
Ein Herz bewahren, das nur sich bedenkt;
Die nur Scheindienste liefern ihren Obern,
Durch sie gedeihn, und wann ihr Pelz gefüttert,
Sich selbst Gebieter sind. Die Burschen haben Witz,
Und dieser Zunft zu folgen ist mein Stolz.
Denn, Freund,
's ist so gewiß, als Ihr Rodrigo heißt,
Wär' ich der Mohr, nicht möcht' ich Jago sein.
Wenn ich ihm diene, dien ich nur mir selbst;
Der Himmel weiß es! nicht aus Lieb' und Pflicht,
Nein, nur zum Schein für meinen eignen Zweck.
Denn wenn mein äußres Tun je offenbart
Des Herzens angeborne Art und Neigung

---

5. *God bless the mark!* (Gott behüte!).
6. *old gradation* (alte Rangordnung).

   In Haltung und Gebärde, dann alsbald
   Will ich mein Herz an meinem Ärmel tragen
   Als Fraß für Krähn. Ich bin nicht, was ich bin! –
R o d r i g o. Welch reiches Glück fällt dem Dickmäul'gen zu,
   Wenn ihm der Streich gelingt! –
a g o.   Ruft auf den Vater,
   Hetzt den ihm nach; vergiftet seine Lust,
   Schreit's durch die Stadt, macht ihre Vettern wild,
   Und ob er unter mildem[7] Himmel wohnt,
   Plagt ihn mit Fliegen; ist die Freud' ihm Freude,
   Versetzt sie dennoch ihm mit so viel Pein,
   Daß sie etwas erbleiche.
R o d r i g o. Hier ist des Vaters Haus; ich ruf ihn laut.
a g o. Das tut, mit gleichem Angstruf und Geheul,
   Als wenn bei Nacht und Lässigkeit ein Feuer
   Erspäht wird in volkreichen Städten.
R o d r i g o. Hallo, Brabantio! Signor Brabantio, ho! –
a g o. Erwacht; hallo! Brabantio! Diebe! Diebe! –
   Nehmt Euer Haus in acht, Eu'r Kind, Eu'r Geld! –
   He, Diebe! Diebe! –
               (Brabantio oben am Fenster.)
B r a b a n t i o. Was ist die Ursach' dieses wilden Lärms?
   Was gibt es hier? –
R o d r i g o. Ist alles, was Euch angehört, im Hause?
a g o. Die Türen zu?
B r a b a n t i o.   Nun, warum fragt ihr das? –
a g o. Ihr seid beraubt, zum Teufel! Nehmt den Mantel!
   Eu'r Herz zerbrach, halb Eure Seel' ist hin.
   Jetzt, eben jetzt, bezwingt[8] ein alter schwarzer
   Schafbock Eu'r weißes Lämmchen – Auf! heraus!
   Weckt die schlaftrunknen Bürger mit der Glocke,
   Sonst macht der Teufel Euch zum Großpapa.
   Auf, sag ich, auf! –
B r a b a n t i o.   Was! seid ihr bei Verstand?
R o d r i g o.
   Ehrwürd'ger Herr, kennt Ihr mich an der Stimme?
B r a b a n t i o. Ich nicht! Wer bist du?
R o d r i g o. Rodrigo heiß ich.

---

fertile (fruchtbar).
is tupping (bespringt).

Brabantio.   Mir um so verhaßter!
    Befohlen hab ich dir, mein Haus zu meiden;
    Ganz unverhohlen hörtest du mich sagen,
    Mein Kind sei nicht für dich – und nun, wie rasend,
    Vom Mahle voll und törendem Getränk,
    In böslich trotz'gem Übermute kommst du,
    Mich in der Ruh' zu stören.
Rodrigo.   Herr, Herr, Herr!
Brabantio. Doch, wissen sollst du dies:
    Durch meine Kraft und Stellung hab ich Macht,
    Dir's zu vergällen.
Rodrigo.   Ruhig, werter Herr!
Brabantio.
    Was sprichst du mir von Raub? Dies ist Venedig,
    Mein Palast keine Scheune.
Rodrigo.   Sehr würd'ger Herr,
    In arglos reiner Absicht komm ich her.
Jago. Wetter, Herr, Ihr seid einer von denen, die Gott
    nicht dienen wollen, wenn's ihnen der Teufel befiehlt
    Weil wir kommen, Euch einen Dienst zu tun, denkt Ihr
    wir sind Raufbolde? Ihr wollt einen Berberhengst über
    Eure Tochter kommen lassen; Ihr wollt Enkel, die Euch
    anwiehern, wollt Rennpferde zu Vettern, und Zelter zu
    Neffen haben? –
Brabantio. Wer bist du, frecher Lästrer?
Jago. Ich bin einer, Herr, der Euch zu melden kommt
    daß Eure Tochter und der Mohr jetzt dabei sind, das Tier
    mit zwei Rücken zu machen.
Brabantio. Du bist ein Schurke!
Jago.   Ihr seid – ein Senator.
Brabantio.
    Du sollst dies büßen; ich kenne dich, Rodrigo.
Rodrigo. Ich will für alles einstehn, doch ich bitt Euch,
    Ist's Euer Wunsch und wohlbedächt'ge Weisheit
    (Wie's fast mir scheint), daß Eure schöne Tochter
    In dieser späten Stunde dumpfer Nacht
    Wird ausgeliefert – besser nicht noch schlechter
    Bewacht als durch 'nen feilen Gondolier –
    Den rohen Küssen eines üpp'gen Mohren? –
    Wenn Ihr das wißt und einverstanden seid,

So taten wir Euch groben, frechen Schimpf.
Doch wißt Ihr's nicht, dann sagt mir Sitt' und Anstand,
Ihr scheltet uns mit Unrecht. Nimmer glaubt,
Daß, allem Sinn für Höflichkeit entfremdet,
Ich so zum Scherz mit Eurer Würde spielte.
Eu'r Kind, wenn Ihr ihm nicht Erlaubnis gabt –
Ich sag's noch einmal – hat sich schwer vergangen,
So Schönheit, Geist, Vermögen auszuliefern
Dem heimatlos unsteten Abenteurer
Von hier und überall. Gleich überzeugt Euch, Herr;
Ist sie im Schlafgemach, ja nur zu Hause,
Laßt auf mich los der Republik Gesetze,
Weil ich Euch so betrog.

Brabantio.   Schlagt Feuer! ho!
Gebt mir 'ne Kerze! – Weckt all meine Leute! –
Der Vorfall sieht nicht ungleich einem[9] Traum:
Der Glaube dran droht schon mich zu vernichten.
Licht, sag ich, Licht! – *(Geht ab.)*

Jago.   Lebt wohl! ich muß Euch lassen,
Es scheint nicht gut, noch heilsam meiner Stelle,
Stellt man als Zeugen mich – und bleib ich, so
                                        geschieht's –
Dem Mohren vor – denn unser Staat, ich weiß es,
Wenn ihn dies gleich etwas verdunkeln wird[10],
Kann ihn nicht fallen lassen – denn es fordert
So trift'ger Grund ihn für den Zypernkrieg,
Der jetzt bevorsteht, daß um keinen Preis
Ein andrer von der Fähigkeit sich fände
Als Führer dieses Zugs; in welcher Rücksicht,
Obgleich ich ihn wie Höllenqualen hasse,
Weil mich die gegenwärt'ge Lage zwingt,
Ich aufziehn muß der Liebe Flagg' und Zeichen,
Freilich als Zeichen nur. Daß Ihr ihn sicher findet,
Führt jene Suchenden zum Schützen hin:
Dort werd ich bei ihm sein; und so lebt wohl!

(Jago geht ab. – Brabantio tritt auf mit Dienern und Fakkeln.)

---

9. *my* (meinem).
10. *However this may gall him with some check* (Wenngleich ihm dies
einen schmerzlichen Tadel einbringen mag).

Brabantio. Zu wahr nur ist dies Unglück! Sie ist fort,
Und was mir nachbleibt vom verhaßten Leben,
Ist nichts als Bitterkeit. – Nun sag, Rodrigo,
Wo hast du sie gesehn? – Oh, töricht[11] Kind! –
Der Mohr, sagst du? – Wer möchte Vater sein? –
Wie weißt du, daß sie's war? – Oh, unerhört
Betrogst[12] du mich! Was sprach sie? – Holt noch Fackeln!
Ruft alle meine Vettern! Sind sie wohl
Vermählt, was glaubst du? –
Rodrigo.   Nun, ich glaube, ja.
Brabantio. O Gott! Wie kam sie fort? O Blutsverrat! –
Väter, hinfort traut euern Töchtern nie
Nach äußerlichem Tun! Gibt's keinen Zauber,
Der Jugend Unschuld und des Mädchentums
Zu tören? Last Ihr nie von solchen Dingen,
Rodrigo?
Rodrigo. Ja, Signor, ich las es wohl.
Brabantio. Ruft meinen Bruder. – Wär' sie Euer doch!
Auf welche Art auch immer![13] Habt Ihr Kundschaft,
Wo wir sie finden mögen mit dem Mohren?
Rodrigo. Ich hoff ihn auszuspähn, wenn's Euch gefällt,
Mit tüchtiger Bedeckung mir zu folgen.
Brabantio.
Wohl, führt den Zug. Vor jedem Hause ruf ich;
Wenn's gilt, kann ich befehlen. Waffen her!
Und holt ein paar Hauptleute von der Wache;
Voran, Rodrigo! Eure Müh' vergelt ich.
(Sie gehen ab.)

ZWEITE SZENE

Straße.

(Es treten auf Othello, Jago und Gefolge mit Fackeln.)

Jago. Im Kriegeshandwerk schlug ich manchen tot;
Doch halt ich's für Gewissenssach' und Sünde,

---

11. *unhappy* (unseliges).
12. Nach der Folio: *she deceives me* (sie betrügt mich).
13. *Some one way, some another* (An das Gefolge: Die einen dahin, die anderen dorthin).

Mit Absicht morden; traun, mir fehlt's an Bosheit,
Und oft zu meinem Schaden. Zwanzigmal
Dacht' ich, ihm mit 'nem Rippenstoß zu dienen!

O t h e l l o. 's ist besser so.

J a g o.   Doch schwatzt' er solches Zeug,
Und sprach so schnöd, und gegen Eure Ehre
So lästerlich,
Daß all mein bißchen Frömmigkeit mich kaum
Im Zügel hielt. Doch sagt mir, werter Herr,
Seid Ihr auch recht vermählt? Denn glaubt mir nur,
Gar sehr beliebt ist der Magnifico
Und hat was durchzusetzen kräft'ge Stimme,
Vollwichtig wie der Fürst. Er wird Euch scheiden,
Zum mindsten häuft er Hemmung und Verdruß,
Wie nur das Recht, durch seine Macht geschärft,
Ihm Spielraum gibt.

O t h e l l o.   Er mag sein Ärgstes tun;
Der Dienst, den ich geleistet dem Senat,
Schreit seine Klage nieder. Kund soll werden
– Was, wenn mir kund, daß Prahlen Ehre bringt,
Ich offenbaren will –, daß ich entsproß
Aus königlichem Stamm, und mein Gestirn
Darf ohne Scheu so stolzes Glück ansprechen
Als dies, das ich erreicht. Denn wisse, Jago,
Liebt' ich die holde Desdemona nicht,
Nie zwäng' ich meinen sorglos freien Stand
In Band' und Schranken ein, nicht um die Schätze
Der tiefen See. Doch sieh! Was dort für Lichter?
(Cassio kommt mit Gefolge.)

J a g o. Der zorn'ge Vater ist es mit den Freunden –
Geht doch hinein!

O t h e l l o.   Ich nicht! man soll mich finden.
Mein Stand und Rang und meine feste Seele,
Laut soll'n sie für mich zeugen! Sind es jene?

J a g o. Beim Janus, nein! –

O t h e l l o.
Des Herzogs Diener sind es und mein Leutnant. –
– Sei Euch die Nacht gedeihlich, meine Freunde!
Was gibt's? –

C a s s i o.   Der Herzog grüßt Euch, General,

Und fordert, daß Ihr schnell, blitzschnell erscheint
Im Augenblick.
O t h e l l o.   Was, meint Ihr, ist im Werk? –
C a s s i o. Etwas aus Zypern, wenn ich recht vermute;
's ist ein Geschäft von heißer Eil': die Flotte
Verschickt' ein Dutzend Boten nacheinander,
Noch diesen Abend, die gedrängt sich folgten.
Viel Herrn vom Rat, geweckt und schon versammelt,
Sind jetzt beim Herzog; eifrig sucht man Euch,
Und da man Euch verfehlt in Eurer Wohnung,
Hat der Senat drei Haufen ausgesandt,
Euch zu erspähn.
O t h e l l o.   's ist gut, daß Ihr mich fandet.
Ein Wort nur laß ich hier zurück im Hause
Und folg Euch nach. *(Geht ab.)*
C a s s i o.   Fähnrich, was schafft' er hier? –
J a g o. Nun, eine Landgaleere nahm er heut;
Er macht sein Glück, wenn's gute Prise wird.
C a s s i o. Wie meint Ihr das? –
J a g o.   Er ist vermählt.
C a s s i o.   Mit wem? –
          (Othello kommt zurück.)
J a g o. Ei nun, mit – – kommt Ihr, mein General? –
O t h e l l o. Ich bin bereit.
C a s s i o. Hier naht ein andrer Trupp, Euch aufzusuchen.
    (Brabantio, Rodrigo und Bewaffnete treten auf.)
J a g o. Es ist Brabantio – faßt Euch, General! –
Er sinnt auf Böses!
O t h e l l o.   Holla! Stellt Euch hier! –
R o d r i g o. Signor, es ist der Mohr!
B r a b a n t i o.   Dieb! Schlagt ihn nieder! –
    (Von beiden Seiten werden die Schwerter gezogen.)
J a g o. Rodrigo, Ihr? Kommt, Herr! Ich bin für Euch.
O t h e l l o.
Die blanken Schwerter fort! Sie möchten rosten. –
Das Alter hilft Euch besser, guter Herr,
Als Euer Degen.
B r a b a n t i o.
O schnöder Dieb! Was ward aus meiner Tochter?
Du hast, verdammter Frevler, sie bezaubert;

Denn alles, was Vernunft hegt, will ich fragen,
Wenn nicht ein magisch Band sie hält gefangen,
Ob eine Jungfrau, zart und schön und glücklich,
So abhold der Vermählung, daß sie floh
Den reichen Jünglingsadel unsrer Stadt –
Ob sie, ein allgemein Gespött zu werden,
Häuslichem Glück entfloh an solches Unholds
Pechschwarze Brust, die Graun, nicht Lust erregt?
Die Welt soll richten, ob's nicht sonnenklar,
Daß du mit Höllenkunst auf sie gewirkt,
Mit Gift und Trank verlockt ihr zartes Alter,
Den Sinn zu schwächen: – untersuchen soll man's;
Denn glaubhaft ist's, handgreiflich dem Gedanken.
Drum nehm ich dich in Haft und zeihe dich
Als einen Volksbetörer, einen Zaubrer,
Der unerlaubte, böse Künste treibt. –
Legt Hand an ihn, und setzt er sich zur Wehr,
Zwingt ihn, und gält's sein Leben.

Othello.　　　　　　　　　　Steht zurück,
Ihr, die für mich Partei nehmt, und ihr andern! –
War Fechten meine Rolle, nun, die wußt' ich
Auch ohne Stichwort. – Wohin soll ich folgen,
Und Eurer Klage stehn?

Brabantio.　　　　　　In Haft; bis Zeit und Form
Im Lauf des graden Rechtsverhörs dich ruft
Zur Antwort.

Othello.　　　Wie denn nun, wenn ich gehorchte? –
Wie käme das dem Herzog wohl erwünscht,
Des Boten hier an meiner Seite stehn,
Mich wegen dringenden Geschäfts im Staat
Vor ihn zu führen?

Gerichtsdiener.　So ist's, ehrwürd'ger Herr,
Der Herzog sitzt zu Rat, und Euer Gnaden
Ward sicher auch bestellt.

Brabantio.　　　　　　Im Rat der Herzog? –
Jetzt um die Mitternacht? – Führt ihn dahin;
Nicht schlecht ist mein Gesuch. Der Herzog selbst,
Und jeglicher von meinen Amtsgenossen,
Muß fühlen meine Kränkung wie sein eigen:

Denn läßt man solche Untat straflos schalten,
Wird Heid' und Sklav' bei uns als Herrscher walten.
(Sie gehen ab.)

DRITTE SZENE

Saal im herzoglichen Palast.

(Der Herzog und die Senatoren an einer Tafel sitzend.)

H e r z o g. In diesen Briefen fehlt Zusammenhang,
   Der sie beglaubigt.
E r s t e r S e n a t o r. Jawohl, sie weichen voneinander ab;
   Mein Schreiben nennt mir hundertsechs[14] Galeeren.
H e r z o g. Und meines hundertvierzig.
Z w e i t e r S e n a t o r.   Mein's zweihundert.
   Doch stimmt die Zahl auch nicht genau zusammen –
   Wie insgemein, wenn sie Gerüchte melden,
   Der Inhalt abweicht –, doch erwähnen alle
   Der türk'schen Flotte, die gen Zypern segelt.
H e r z o g. Gewiß, erwägen wir's, so scheint es glaublich;
   Ich will mich nicht im Irrtum sicher schätzen,
   Vielmehr den Hauptartikel halt ich wahr,
   Und Furcht ergreift mich.
M a t r o s e *(draußen).*   Hoh! hallo! hallo! –
   (Ein Beamter tritt auf, dem ein Matrose folgt.)
B e a m t e r. Botschaft von den Galeeren!
H e r z o g.   Nun? Was gibt's? –
M a t r o s e. Der Türken Kriegsbewegung geht auf Rhodus;
   So ward mir Auftrag, dem Senat zu melden,
   Vom Signor Angelo.
H e r z o g. Wie dünkt der Wechsel Euch? –
E r s t e r S e n a t o r.   So kann's nicht sein,
   Nach keinem Grund und Fug; es ist 'ne Maske[15],
   Den Blick uns fehl zu leiten. Denken wir,
   Wie wichtig Zypern für den Türken sei,
   Und wiederum, gestehn wir selber ein,
   Daß, wie's dem Türken mehr verlohnt als Rhodus,
   Er auch mit leichterm Aufwand sich's erobert,

14. *a hundred and seven* (107).
15. *pageant* (Maskenspiel).

Dieweil es nicht so kriegsgerüstet steht
Und aller Wehr und Festigkeit entbehrt,
Mit der sich Rhodus schirmt: wer dies erwägt,
Der wird den Türken nicht so töricht achten,
Das Nächstgelegne bis zuletzt zu sparen
Und, leichten Vorteil und Gewinn versäumend,
Nutzlos Gefahr zum Kampfe sich zu wecken.

H e r z o g. Ja, seid gewiß, er denkt an Rhodus nicht.

B e a m t e r. Seht! Neue Botschaft! –

(Ein Bote tritt auf.)

B o t e. Die Ottomanen, weise, gnäd'ge Herrn,
In gradem Lauf zur Insel Rhodus steuernd,
Vereinten dort sich mit der Nebenflotte.

E r s t e r S e n a t o r.
Nun ja, so dacht' ich mir's; – wie stark an Zahl?

B o t e. An dreißig Segel; und jetzt wenden sie
Rücklenkend ihren Lauf, und ohne Hehl
Gilt ihre Absicht Zypern. Herr Montano,
Eu'r sehr getreuer und beherzter Diener,
Entbeut, mit seiner Pflicht, Euch diese Nachricht
Und hofft, Ihr schenkt ihm Glauben.

H e r z o g. Nach Zypern dann gewiß. –
Marcus Lucchese, ist er in Venedig? –

E r s t e r S e n a t o r. Er reiste nach Florenz.

H e r z o g. Schreibt ihm von uns; schnell, windschnell
komm' er; eilt.

E r s t e r S e n a t o r.
Hier kommt Brabantio und der tapfre Mohr.

*(Brabantio, Othello, Jago, Rodrigo und Gerichtsdiener tre-
ten auf.)*

H e r z o g. Tapfrer Othello, Ihr müßt gleich ins Feld
Wider den allgemeinen Feind, den Türken. –
(Zu Brabantio.)
Ich sah Euch nicht; willkommen, edler Herr!
Uns fehlt' Eu'r Rat und Beistand diese Nacht.

B r a b a n t i o.
Und Eurer mir, mein güt'ger Fürst, verzeiht mir!
Nicht Amtsberuf noch Nachricht von Geschäften
Trieb mich vom Bett; nicht allgemeine Sorge
Erfüllt mich jetzt, denn mein besondrer Gram

    Gleich einer Springflut strömt so wild dahin,
    Daß er verschluckt und einschlingt jede Sorge,
    Nur seiner sich bewußt.
H e r z o g.   Nun, was geschah? –
B r a b a n t i o. O Tochter! Tochter!
E r s t e r S e n a t o r.   Starb sie? –
B r a b a n t i o.   Ja, für mich.
    Sie ist beschimpft, entführt mir und verderbt
    Durch Hexenkünste und Quacksalbertränke;
    Denn daß Natur so widersinnig irre,
    Da sie nicht stumpf, noch blind, noch blöden Sinns,
    Geschah nicht ohne Zauberkraft –
H e r z o g. Wer es auch sei, der auf so schnödem Wege,
    So Eure Tochter um sich selbst betrog
    Und Euch um sie – das blut'ge Buch des Rechts,
    Ihr sollt es selbst in herbster Strenge deuten,
    Nach eignem Sinn, und wär' es unser Sohn,
    Den Eure Klage trifft.
B r a b a n t i o.   Ich dank in Demut!
    Hier dieser ist's, der Mohr, den jetzt, so scheint's,
    Eu'r dringendes Gebot im Dienst des Staats
    Hieher berief.
A l l e.   Das tut uns herzlich leid.
H e r z o g *(zu Othello).*
    Was, Eurerseits, vermögt Ihr zu erwidern? –
B r a b a n t i o. Nichts, als daß dies die Wahrheit.
O t h e l l o. Ehrwürd'ger, mächt'ger und erlauchter Rat,
    Sehr edle, wohlerprobte, gute Herrn –
    Daß ich dem alten Mann die Tochter nahm,
    Ist völlig wahr; wahr, sie ist mir vermählt.
    Der Tatbestand und Umfang meiner Schuld
    Reicht so weit, weiter nicht. Ich bin von rauhem Wort
    Und schlecht begabt mit milder Friedensrede.
    Seit siebenjähr'ge Kraft mein Arm gewann,
    Bis vor neun Monden etwa, übt' er stets
    Nur Kriegestat im Felde wie im Lager;
    Und wenig lernt'[16] ich von dem Lauf der Welt,
    Als was zum Streit gehört und Werk der Schlacht;

16. *can I speak* (kann ich reden).

Drum wenig Schmuck wohl leih ich meiner Sache,
Red ich für mich. Dennoch, mit Eurer Gunst,
Erzähl ich schlicht und ungefärbt den Hergang
Von meiner Liebe; was für Tränk' und Künste,
Was für Beschwörung, welches Zaubers Kraft
— Denn solcher Mittel steh ich angeklagt —
Die Jungfrau mir gewann.

B r a b a n t i o.   Ein Mädchen, schüchtern,
Von Geist so still und sanft, daß jede Regung
Errötend schwieg — die sollte, trotz Natur
Und Jugend, Vaterland und Stand und allem,
Das lieben, was ihr Grauen schuf zu sehn? —
Ein krankes Urteil wär's, ein unvollkommnes,
Das wähnt', es irre so Vollkommenheit,
Ganz der Natur entgegen: schwören muß man,
Daß nur des Teufels Kunst und List dies alles
Zu tun vermocht. Noch einmal denn behaupt ich,
Daß er mit Tränken, ihrem Blut verderblich,
Und Zaubersaft, geweiht zu solchem Bann,
Auf sie gewirkt.

H e r z o g.   Behauptung, nicht Beweis:
Steht Euch kein klarer Zeugnis zu Gebot,
Als solch unhaltbar Meinen, solch armsel'ger
Scheingrund ihn zu beschuldigen vermag?

E r s t e r S e n a t o r. Doch sagt, Othello:
Habt Ihr durch Nebenweg' und künstlich zwingend
Der Jungfrau Sinn erobert und vergiftet?
Oder durch Antrag und erlaubtes Werben,
Wie Herz an Herz sich wendet? —

O t h e l l o.   Ich ersuch Euch,
Zum Schützen sendet, ruft das Fräulein her,
Und vor dem Vater mag sie von mir zeugen.
Und werd ich falsch erfunden durch ihr Wort:
Nicht nur Vertraun und Amt, das Ihr mir gabt,
Mögt Ihr mir nehmen, ja es treff' Eu'r Spruch
Mein Leben selbst.

H e r z o g.   Holt Desdemona her.
      (Einige vom Gefolge gehen hinaus.)

O t h e l l o. Fähnrich, geht mit, Ihr wißt den Ort am besten.
    (Jago ab.)

Und bis sie kommt, so wahr, wie ich dem Himmel
Bekenne meines Blutes sünd'ge Fehle⟨r⟩,
So treulich meld ich Euerm ernsten Ohr,
Wie ich gewann der schönen Jungfrau Herz
Und sie das meine.

Herzog.   Sprecht, Othello.

Othello. Ihr Vater liebte mich, lud oft mich ein,
Erforschte meines Lebens Lauf von Jahr
Zu Jahr: die Schlachten, Stürme, Schicksalswechsel,
So ich bestand.
        Ich ging es durch, vom Knabenalter her,
Bis auf den Augenblick, wo er gefragt.
So sprach ich denn von manchem harten Fall,
Von schreckender Gefahr zu See und Land;
Wie ich ums Haar dem droh'nden Tod entrann;
Wie mich der stolze Feind gefangen nahm
Und mich als Sklav verkauft; wie ich erlöst,
Und meiner Reisen wundervolle Fahrt:
Wobei von weiten Höhlen, wüsten Steppen,
Steinbrüchen, Felsen, himmelhohen Bergen
Zu melden war im Fortgang der Geschichte;
Von Kannibalen, die einander schlachten,
Anthropophagen, Völkern, deren Kopf
Wächst unter ihrer Schulter: das zu hören
War Desdemona eifrig stets geneigt.
Oft aber rief ein Hausgeschäft sie ab;
Und immer, wenn sie eilig dies vollbracht,
Gleich kam sie wieder, und mit durst'gem Ohr
Verschlang sie meine Rede. Dies bemerkend,
Ersah ich einst die günst'ge Stund' und gab
Ihr Anlaß, daß sie mich recht herzlich bat,
Die ganze Pilgerschaft ihr zu erzählen,
Von der sie stückweis einzelnes gehört,
Doch nicht in strenger Folge. Ich begann,
Und oftmals hatt' ich Tränen ihr entlockt,
Wenn ich ein leidvoll Abenteu'r berichtet
Aus meiner Jugend. Als ich nun geendigt,
Gab sie zum Lohn mir eine Welt von Seufzern:
Sie schwur – in Wahrheit, seltsam! Wunderseltsam!
Und rührend war's! unendlich rührend war's! –

Sie wünschte, daß sie's nicht gehört; doch wünschte sie,
Der Himmel habe sie als solchen Mann
Geschaffen, und sie dankte mir und bat mich,
Wenn je ein Freund von mir sie lieben sollte,
Ich mög' ihn die Geschicht' erzählen lehren,
Das würde sie gewinnen. Auf den Wink
Erklärt' ich mich.
Sie liebte mich, weil ich Gefahr bestand;
Ich liebte sie um ihres Mitleids willen:
Das ist der ganze Zauber, den ich brauchte;
Hier kommt das Fräulein, laßt sie dies bezeugen.

(Desdemona, Jago und Gefolge treten auf.)

H e r z o g. Nun, die Geschichte hätt' auch meine Tochter
Gewonnen. Würdiger Brabantio,
Nehmt, was versehn ward, von der besten Seite;
Man ficht doch lieber mit zerbrochnem Schwert
Als mit der bloßen Hand.

B r a b a n t i o.   Hört sie, ich bitt Euch;
Bekennt sie, daß sie halb ihm kam entgegen,
Fluch auf mein Haupt, wenn meine bittre Klage
Den Mann verunglimpft! – Komm her, junge Dame,
Wen siehst du hier in diesem edlen Kreis,
Dem du zumeist Gehorsam schuldig bist?

D e s d e m o n a. Mein edler Vater,
Ich sehe hier zwiefach geteilte Pflicht:
Euch muß ich Leben danken und Erziehung,
Und Leben und Erziehung lehren mich
Euch ehren; Ihr seid Herrscher meiner Pflicht,
Wie ich Euch Tochter. Doch hier steht mein Gatte,
Und so viel Pflicht, als meine Mutter Euch
Gezeigt, da sie Euch vorzog ihrem Vater,
So viel muß ich auch meinem Gatten widmen,
Dem Mohren, meinem Herrn.

B r a b a n t i o.   Gott sei mit dir!
Ich bin zu Ende –
Geliebt's Eu'r Hoheit, jetzt zu Staatsgeschäften –
O zeugt' ich nie ein Kind, und wählt' ein fremdes! –
Tritt näher, Mohr! –
Hier geb ich dir von ganzem Herzen hin,
Was, hätt'st du's nicht, ich dir von ganzem Herzen

Verweigerte. – Um deinetwillen, Kleinod,
Erfreut's mich, daß kein zweites Kind mir ward;
Durch deine Flucht wär' ich tyrannisch worden,
Und legt' ihr Ketten an. – – Ich bin zu Ende.

H e r z o g. Ich red an Eurer Statt, und fäll ein Urteil,
Das einer Staffel gleich den Liebenden
Behilflich sei.[17]
Wem nichts mehr hilft, der muß nicht Gram
                                        verschwenden,
Und wer das Schlimmste sah, die Hoffnung enden;
Unheil beklagen, das nicht mehr zu bessern,
Heißt um so mehr das Unheil nur vergrößern.
Was nicht zu retten, laß dem falschen Glück
Und gib Geduld für Kränkung ihm zurück.
Zum Raube lächeln heißt den Dieb bestehlen,
Doch selbst beraubst du dich durch nutzlos Quälen.

B r a b a n t i o. So mögt Ihr Zypern nur den Türken gönnen;
Wir haben's noch, solang wir lächeln können.
Leicht trägt den Spruch, wen andre Last nicht drückt
Und wen der selbstgefundne Trost erquickt;
Doch fühlt er sein Gewicht bei wahren Sorgen,
Wenn's gilt, von der Geduld die Zahlung borgen.
Bitter und süß sind all derlei Sentenzen,
Die, so gebraucht, an Recht und Unrecht grenzen;
Doch Wort bleibt Wort – noch hab ich nie gelesen,
Daß durch das Ohr ein krankes Herz genesen.
– Ich bitt Euch inständig, gehn wir an die Staatsgeschäfte.

H e r z o g. Der Türke segelt mit gewaltiger Kriegsrüstung
gegen Zypern. Othello, Euch ist die Festigkeit des Orts
am besten bekannt, und obgleich wir dort einen Statthalter von unbestrittner Fähigkeit besitzen, so hegt doch die
öffentliche Meinung, jene unbeschränkte Gebieterin des
Erfolgs, eine größere Zuversicht zu Euch. Ihr müßt Euch
deshalb gefallen lassen, den Glanz Eures neuen Glücks
durch diese rauhe und stürmische Unternehmung zu verdunkeln.

O t h e l l o. Die eiserne Gewohnheit, edle Herrn,
Schuf mir des Krieges Stahl- und Felsenbett

---

17. Es fehlt: *into your favour* (und sie in Euere Gunst setze).

Zum allerweichsten Flaum; ich rühme mich
Natürlicher und rascher Munterkeit
Im schwersten Ungemach und bin bereit
Zum jetz'gen Feldzug mit dem Muselmann.
In Demut drum mich neigend dem Senat,
Verlang ich Sorg' und Schutz für mein Gemahl,
Anständ'ge Rücksicht ihrem Rang und Aufwand,
Und solche Wohnung, solche Dienerschaft,
Als ihrem Stand geziemt.

Herzog.   Wenn's Euch genehm,
Bei ihrem Vater.

Brabantio.   Nimmer geb ich's zu.

Othello. Noch ich.

Desdemona.   Noch ich; nicht gern verweilt' ich dort
Und reizte meines Vaters Ungeduld,
Wär' ich ihm stets vor Augen. – Güt'ger Fürst,
Leiht meinem Vortrag ein geneigtes Ohr
Und laßt mir Eure Gunst als Freibrief gelten,
Mein schüchtern Wort zu kräft'gen.

Herzog. Was wünscht Ihr, Desdemona?

Desdemona.
Daß ich den Mohren liebt', um ihm[18] zu leben,
Mag meines Glücks gewaltsam jäher Sturm
Der Welt zurufen: ja, mein Herz ergab sich
Ganz unbedingt an meines Herrn Beruf[19].
Mir war Othellos Antlitz sein Gemüt,
Und seinem Ruhm und seinem Heldensinn
Hab ich die Seel' und irdisch Glück geweiht.
Drum, würd'ge Herrn, läßt man mich hier zurück,
Als Friedensmotte, weil er zieht ins Feld,
So raubt man meiner Liebe teures Recht
Und läßt mir eine schwere Zwischenzeit,
Dem Liebsten fern: drum laßt mich mit ihm ziehn.

Othello.
Stimmt bei, Ihr Herrn: ich bitt Euch drum; gewährt
Ihr freie Willkür.[20]

18. *with him* (mit ihm).
19. *to the very quality* (seinen Vorzügen).
20. ich bitt . . . Willkür: Zusatz, der in den modernen englischen Ausgaben nicht mehr übernommen ist.

Der Himmel zeuge mir's, dies bitt ich nicht,
Den Gaum' zu reizen meiner Sinnenlust
Noch heißem Blut zuliebe (jungen Trieben
Selbstsücht'ger Lüste, die jetzt schweigen müssen),
Nur ihrem Wunsch willfährig hold zu sein;
Und Gott verhüt', Eu'r Edeln möchten wähnen,
Ich werd' Eu'r ernst und groß Geschäft versäumen,
Weil sie mir folgt – nein, wenn der leere Tand
Des flücht'gen Amor mir mit üpp'ger Trägheit
Des Geistes und der Tatkraft Schärfe stumpft
Und mich Genuß entnervt und schwächt mein Wirken,
Mach' eine Hausfrau meinen Helm zum Kessel,
Und jedes niedre und unwürd'ge Zeugnis
Erstehe wider mich und meinen Ruhm! –

Herzog. Es sei, wie Ihr's mitsammen festgesetzt:
Sie folg' Euch oder bleibe; das Geschäft
Heischt dringend Eil'[21] – zu Nacht noch müßt Ihr fort.

Desdemona.
Heut nacht, mein Fürst?

Herzog.   Heut nacht.

Othello.   Von ganzem Herzen

Herzog. Um neun Uhr früh versammeln wir uns wieder
Othello, laßt 'nen Offizier zurück,
Der Eure[22] Vollmacht Euch kann überbringen
Und was noch sonst Eu'r Amt und Dienstverhältnis
Betrifft.

Othello.   Gefällt's Eu'r Hoheit, hier mein Fähnrich;
Er ist ein Mann von Ehr' und Redlichkeit.
Und seiner Führung laß ich meine Frau,
Und was Eu'r Hoheit sonst für nötig achtet,
Mir nachzusenden.

Herzog. So mag es sein. – Gut Nacht jetzt insgesamt!
Und würd'ger Herr, *(zu Brabantio)*
Wenn man die Tugend muß als schön erkennen,
Dürft Ihr nicht häßlich Euern Eidam nennen.[23]

---

21. Es fehlt: *And speed must answer it* (Und muß mit Schnelligkeit be-
antwortet werden).
22. *our* (unsere).
23. *If virtue no delighted beauty lack | Your son-in-law is far more fair
than black* (Wenn zur Tugend die Freude an der Schönheit gehört, dann
ist Euer Schwiegersohn weit eher schön [hell] als schwarz).

Erster Senator.
   Lebt wohl, Mohr! liebt und ehret Desdemona.
Brabantio.
   Sei wachsam, Mohr! Hast Augen du zu sehn,
   Den Vater trog sie, so mag dir's geschehn.
            (Herzog und Senatoren ab.)
Othello. Mein Kopf für ihre Treu'. Hör, wackrer Jago,
   Ich muß dir meine Desdemona lassen;
   Ich bitt dich, gib dein Weib ihr zur Gesellschaft
   Und bringe sie mir nach, sobald du kannst. –
   Komm, Desdemona, nur ein Stündchen bleibt
   Der Lieb' und unserm häuslichen Geschäft
   Zu widmen uns: laß uns der Zeit gehorchen.
            (Othello und Desdemona ab.)
Rodrigo. Jago –
Jago. Was sagst du, edles Herz? –
Rodrigo. Was werd ich jetzt tun, meinst du?
Jago. Nun, zu Bette gehn und schlafen.
Rodrigo. Auf der Stelle ersäufen werd ich mich.
Jago. Nun, wenn du das tust, so ist's mit meiner Freund-
   schaft auf ewig aus. Ei, du alberner, junger Herr.
Rodrigo. Es ist Albernheit zu leben, wenn das Leben
   eine Qual wird, und wir haben die Vorschrift zu sterben,
   wenn Tod unser Arzt ist.
Jago. O über die Erbärmlichkeit! Ich habe der Welt an die
   viermal sieben Jahre zugesehn, und seit ich einen Unter-
   schied zu finden wußte zwischen Wohltat und Beleidi-
   gung, bin ich noch keinem begegnet, der's verstanden
   hätte, sich selbst zu lieben. Eh' ich sagte, ich wollte mich
   einem Puthühnchen zuliebe ersäufen, eh' tauscht' ich meine
   Menschheit mit einem Pavian.
Rodrigo. Was soll ich tun? Ich gestehe, es macht mir
   Schande, so sehr verliebt zu sein; aber meine Tugend
   reicht nicht hin, dem abzuhelfen.
Jago. Tugend! Abgeschmackt! – In uns selber liegt's, ob
   wir so sind oder anders. Unser Körper ist ein Garten und
   unser Wille der Gärtner, so daß, ob wir Nesseln drin
   pflanzen wollen oder Salat bauen, Ysop aufziehn oder
   Thymian ausjäten; ihn dürftig mit einerlei Kraut besetzen
   oder mit mancherlei Gewächs aussaugen; ihn müßig ver-

wildern lassen oder fleißig in Zucht halten – ei, das Vermögen dazu und die bessernde Macht liegt durchaus in unserm freien Willen. Hätte der Waagbalken unsres Lebens nicht eine Schale von Vernunft, um eine andre von Sinnlichkeit aufzuwiegen, so würde unser Blut und die Bösartigkeit unsrer Triebe uns zu den ausschweifendsten Verkehrtheiten führen; aber wir haben die Vernunft, um die tobenden Leidenschaften, die fleischlichen Triebe, die zügellosen Lüste zu kühlen, und daraus schließe ich: was du Liebe nennst, sei ein Pfropfreis, ein Ableger.

R o d r i g o. Das kann nicht sein.

J a g o. Es ist nur ein Gelüst des Bluts, eine Nachgiebigkeit des Willens. Auf! sei ein Mann! Dich ersäufen? Ersäufe Katzen und junge Hunde! Ich nenne mich deinen Freund und erkläre mich an dein Verdienst geknüpft mit dem Ankertau der ausdauerndsten Festigkeit; nie konnte ich dir besser beistehn als jetzt. Tu Geld in deinen Beutel, zieh mit in diesen Krieg, verstelle dein Gesicht durch einen falschen Bart; ich sage dir: tu Geld in deinen Beutel. Es ist undenkbar, daß Desdemona den Mohren auf die Dauer lieben sollte – tu Geld in deinen Beutel! – noch der Mohr sie – es war ein gewaltsames Beginnen, und du wirst sehn, die Katastrophe wird eine ähnliche sein. Tu nur Geld in deinen Beutel: – so ein Mohr ist veränderlich in seinen Neigungen; fülle deinen Beutel mit Geld; – die Speise, die ihm jetzt so würzig schmeckt als Süßholz, wird ihn bald bittrer dünken als Koloquinten. Sie muß sich ändern, denn sie ist jung, und hat sie ihn erst satt, so wird sie den Irrtum ihrer Wahl einsehn. Sie muß Abwechslung haben[24], das muß sie; darum tu Geld in deinen Beutel. Wenn du durchaus zum Teufel fahren willst, so tu es auf angenehmerem Wege als durch Ersäufen. Schaff dir Geld, soviel du kannst! Wenn des Priesters Segen und ein hohles Gelübde zwischen einem abenteuernden Afrikaner und einer überlistigen Venezianerin für meinen Witz und die ganze Sippschaft der Hölle nicht zu hart sind, so sollst du sie besitzen; darum schaff dir Geld. Zum Henker mit dem Ersäufen! Das liegt weit ab von deinem Wege. Denke du

24. *She must change for youth* (Sie wird einen Jüngeren haben wollen).

lieber drauf zu hängen, indem du deine Lust büßest, als dich zu ersäufen und sie fahren zu lassen.

R o d r i g o. Soll ich meine Hoffnung auf dich bauen, wenn ich's drauf wage? –

J a g o. Auf mich kannst du zählen; – geh, schaffe dir Geld; – ich habe dir's oft gesagt und wiederhole es aber und abermals, ich hasse den Mohren; mein Grund kommt von Herzen, der deinige liegt ebenso tief: laß uns fest in unsrer Rache zusammenhalten. Kannst du ihm Hörner aufsetzen, so machst du dir eine Lust und mir einen Spaß. Es ruht noch manches im Schoß der Zeit, das zur Geburt will. Grade durch! – Fort! Treib dir Geld auf. Wir wollen es morgen weiter verhandeln. Leb wohl! –

R o d r i g o. Wo treffen wir uns morgen früh?

J a g o. In meiner Wohnung.

R o d r i g o. Ich werde zeitig dort sein.

J a g o. Gut, leb wohl! – Höre doch, Rodrigo!

R o d r i g o. Was sagst du? –

J a g o. Nichts von Ersäufen! Hörst du? –

R o d r i g o. Ich denke jetzt anders. Ich will alle meine Güter verkaufen.[25]

J a g o. Nur zu; tu nur Geld genug in deinen Beutel.
(Rodrigo ab.)
So muß mein Narr mir stets zum Säckel werden:
Mein reifes Urteil würd' ich ja entweihn,
Vertändelt' ich den Tag mit solchem Gimpel,
Mir ohne Nutz und Spaß. – Den Mohren haß ich;
Die Rede geht, er hab' in meinem Bett
Mein Amt verwaltet – möglich, daß es falsch:
Doch ich, auf bloßen Argwohn in dem Fall,
Will tun, als wär's gewiß. Er hat mich gern,
Um soviel besser wird mein Plan gedeihn.
Der Cassio ist ein hübscher Mann – laßt sehn!
Sein Amt erhaschen, mein Gelüste büßen –
Ein doppelt Schelmstück! Wie nun? Laßt mich sehn –
Nach ein'ger Zeit Othellos Ohr betören,
Er sei mit seinem Weibe zu vertraut –
Der Bursch ist wohlgebaut, von schmeid'ger Art,

25. »Ich . . . verkaufen« folgt auf Jagos »Nur zu . . . Beutel«; dann Jagos Monolog.

Recht für den Argwohn, recht den Fraun gefährlich.[26]
Der Mohr nun hat ein grad' und frei Gemüt,
Das ehrlich jeden hält, scheint er nur so;
Und läßt sich sänftlich an der Nase führen,
Wie Esel tun:
Ich hab's, es ist erzeugt; aus Höll' und Nacht
Sei diese Untat an das Licht gebracht. *(Er geht ab.)*

ZWEITER AUFZUG

ERSTE SZENE

Hauptstadt in Zypern. Platz am Hafen.

(Montano und zwei Edelleute treten auf.)

M o n t a n o. Was unterscheidet man vom Damm zur See? —
E r s t e r   E d e l m a n n.
      Nichts, weit und breit — 's ist hochgeschwellte Flut;
      Und nirgend zwischen Meer und Hafen[27] kann ich
      Ein Schiff entdecken.
M o n t a n o. Mir scheint, der Wind blies überlaut ans Ufer;
      Nie traf so voller Sturm die Außenwerke.
      Wenn's ebenso rumort hat auf der See,
      Welch eichner Kiel, wenn Berge niederfluten,
      Bleibt festgefügt? Was werden wir noch hören?
Z w e i t e r   E d e l m a n n.
      Zerstreuung wohl des türkischen Geschwaders.
      Denn, stellt Euch nur an den beschäumten Strand,
      Die zorn'ge Woge sprüht bis an die Wolken;
      Die sturmgepeitschte Flut will mächt'gen Schwalls[28]
      Den Schaum hinwerfen auf den glüh'nden Bären,
      Des ewig festen Poles Wacht zu löschen.

---

26. *framed to make women false* (dazu geschaffen, Frauen untreu werden
zu lassen).
27. *heaven* (Himmel).
28. Gegen die Lesarten der Folio und Quarto *maine*, nach denen auch
Baudissin übersetzte, wird heute die Konjektur *mane* (Mähne) und damit
der Vergleich des Meeres mit einem wilden Tier akzeptiert.

Nie sah ich so verderblichen Tumult
Des zorn'gen Meers.
M o n t a n o.   Wenn nicht die Türkenflotte
Sich barg in Bucht und Hafen, so versank sie;
Es ist unmöglich, daß sie's überstand.
          (Ein dritter Edelmann tritt auf.)
D r i t t e r   E d e l m a n n.
Botschaft, Ihr Herrn! Der Krieg ist aus,
Der wüt'ge Sturm nahm so die Türken mit,
Daß ihre Landung hinkt – ein Kriegsschiff von Venedig
War Zeuge grauser Not und Havarei
Des Hauptteils ihrer Flotte.
M o n t a n o. Wie? Ist das wahr? –
D r i t t e r   E d e l m a n n.   Das Schiff hat angelegt;
Ein Veroneser, Michael Cassio,
Leutnant des kriegerischen Mohrs Othello,
Stieg hier ans Land; der Mohr ist auf der See,
Mit höchster Vollmacht unterwegs nach Zypern.
M o n t a n o. Mich freut's; er ist ein würd'ger Gouverneur.
D r i t t e r   E d e l m a n n.
Doch dieser Cassio – spricht er gleich so tröstlich
Vom türkischen Verlust – scheint sehr besorgt
Und betet für den Mohren, denn es trennte
Ein grauser, schwerer Sturm sie.
M o n t a n o.   Schütz' ihn Gott!
Ich diente unter ihm; der Mann ist ganz
Soldat und Feldherr. Kommt zum Strande, ho!
Sowohl das eingelaufne Schiff zu sehn
Als nach dem tapfern Mohren auszuschaun,
Bis wo die Meerflut und des Äthers Blau
In eins verschmilzt.
D r i t t e r   E d e l m a n n.   Das laßt uns tun;
Denn jeder Augenblick ist jetzt Erwartung
Von neuer Ankunft.
          (Cassio tritt auf.)
C a s s i o. Dank allen Tapfern dieses mut'gen Eilands,
Die so den Mohren lieben; möcht' ihn doch
Der Himmel schützen vor dem Element,
Denn ich verlor ihn auf der schlimmsten See!
M o n t a n o. Hat er ein gutes Fahrzeug?

C a s s i o. Sein Schiff ist stark gebaut und sein Pilot
        Von wohlgeprüfter, kund'ger Meisterschaft;
        Drum harrt mein Hoffen, noch nicht tödlich krank,
        Kühn auf Genesung.
*(Mehrere Stimmen draußen: »Ein Schiff! Ein Schiff! Ein
                Schiff! –«)*
C a s s i o. Was rufen sie? –
E r s t e r E d e l m a n n.
        Die Stadt ist leer; am Meeresufer steht
        Gedrängt das Volk, man ruft: ein Schiff! ein Schiff!
C a s s i o. Mein Hoffen wähnt, es sei der Gouverneur.
                (Man hört Schüsse.)
Z w e i t e r E d e l m a n n.
        Mit Freudenschüssen salutieren sie;
        Zum mindsten Freunde sind's.
C a s s i o.   Ich bitt Euch, Herr,
        Geht, bringt uns sichre Nachricht, wer gelandet.
Z w e i t e r E d e l m a n n. Sogleich. *(Geht ab.)*
M o n t a n o. Sagt, Leutnant, ist der General vermählt?
C a s s i o. Ja, äußerst glücklich. Er gewann ein Fräulein,
        Das jeden schwärmerischen Preis erreicht,
        Kunstreicher Federn Lobspruch überbeut
        Und in der Schöpfung reichbegabter Fülle
        Die Dichtung selbst ermattet. – Nun, wer war's?
                (Der Edelmann kommt zurück.)
Z w e i t e r E d e l m a n n.
        Des Feldherrn Fähnrich, ein gewisser Jago.
C a s s i o. Der hat höchst schnelle, günst'ge Fahrt gehabt.
        Die Stürme selbst, die Strömung, wilde Wetter,
        Gezackte Klippen, aufgehäufter Sand –
        Unschuld'gen Kiel zu fährden leicht verhüllt –,
        Als hätten sie für Schönheit Sinn, vergaßen
        Ihr tödlich Amt[29] und ließen ungekränkt
        Die holde Desdemona durch.
M o n t a n o.   Wer ist sie? –
C a s s i o. Die ich genannt, die Herrin unsres Herrn,
        Der Führung anvertraut des kühnen Jago;
        Des Landung unserm Hoffen vorgeeilt

---

29. *natures* (Natur, Beschaffenheit).

Um eine Woche. – O Herr, beschütz Othello!
Sein Segel schwelle dein allmächt'ger Hauch,
Daß bald sein wackres Schiff den Hafen segne;
Dann eil' er liebend an der Gattin Brust,
Entflamme glühend unsern lauen Mut
Und bringe Zypern Tröstung! – Seht, o seht! –
(Desdemona, Jago, Rodrigo und Emilia treten auf.)
Des Schiffes Reichtum ist ans Land gekommen! –
Ihr, Zyperns Edle, neigt Euch huldigend:
Heil dir, o Herrin! und des Himmels Gnade
Begleite dich auf allen Seiten stets,
Dich rings umschließend.

D e s d e m o n a.   Dank Euch, wackrer Cassio!
Was wißt Ihr mir von meinem Herrn zu sagen?

C a s s i o. Noch kam er nicht; noch weiß ich irgend mehr,
Als daß er wohl und bald hier landen muß.

D e s d e m o n a. Ich fürchte nur – wie habt Ihr ihn verloren?

C a s s i o. Der große Kampf des Himmels und des Meers
Trennt' unsern Lauf – doch horch! es naht ein Schiff!
(Draußen: »Ein Schiff! Ein Schiff!« – Man hört schießen.)

Z w e i t e r   E d e l m a n n.
Der Zitadelle bringt es seinen Gruß;
Auch dies sind Freunde.

C a s s i o.   Geht, und schafft uns Nachricht.
(Der zweite Edelmann ab.)
Willkommen, Fähnrich; werte Frau, willkommen!
Nicht reiz' es Euern Unmut, guter Jago,
Daß ich die Freiheit nahm; denn meine Heimat
Erlaubt so kühnen Brauch der Höflichkeit.
                (Er küßt Emilien.)

J a g o. Herr, gäben ihre Lippen Euch so viel,
Als sie mir oft beschert mit ihrer Zunge,
Ihr hättet g'nug.

D e s d e m o n a.   Die Arme spricht ja kaum!

J a g o. Ei, viel zuviel!
Das merk ich immer, wenn ich schlafen möchte;
Vor Euer Gnaden freilich, glaub ich's wohl,
Legt sie die Zung' ein wenig in ihr Herz
Und keift nur in Gedanken.

E m i l i a.   Wie du schwatzest! –

J a g o. Geht, geht! Ihr seid Gemälde außerm Haus,
    Schellen im Zimmer, Drachen in der Küche,
    Verletzt Ihr: Heil'ge; Teufel, kränkt man Euch;
    Spielt mit dem Haushalt, haltet Haus im Bett.

D e s d e m o n a. O schäme dich, Verleumder!

J a g o. Nein, das ist wahr! nicht irr ich um ein Haar breit:[30]
    Ihr steht zum Spiel auf, geht ins Bett zur Arbeit.

E m i l i a. Ihr sollt mein Lob nicht schreiben.

J a g o.   Will's auch nicht.

D e s d e m o n a.
    Was schriebst du wohl von mir, sollt'st du mich loben?

J a g o. O gnäd'ge Frau, nicht fordert so mich auf;
    Denn ich bin nichts, wenn ich nicht lästern darf.

D e s d e m o n a.
    So fang nur an. – Ging einer hin zum Hafen?

J a g o. Ja, edle Frau.

D e s d e m o n a. Ich bin nicht fröhlich, doch verhüll ich gern
    Den innern Zustand durch erborgten Schein. –
    Nun sag, wie lobst du mich?

J a g o. Ich sinne schon; doch leider, mein Erfinden
    Geht mir vom Kopf, wie Vogelleim vom Fries,
    Reißt Hirn und alles mit. Doch kreißt die Muse
    Und wird also entbunden:
    Gelt ich[31] für schön und klug – weiß von Gesicht und
                                    witzig –
    Die Schönheit nützt den andern, durch Witz die
                              Schönheit nütz ich.

D e s d e m o n a.
    Gut gelobt! Wenn sie nun aber braun und witzig ist? –

J a g o. Nun: bin ich braun und sonst nur leidlich witzig,
    Find ich den weißen Freund, und was mir fehlt, besitz
                                      ich.

D e s d e m o n a. Schlimm und schlimmer! –

E m i l i a. Wenn aber eine hübsch weiß und rot und dumm
    ist?

J a g o. Hat sie ein weiß Gesicht, so ist sie dumm mitnichten;
    Denn auf ein Kind weiß sich die Dümmste selbst zu
                                      richten.

---

30. *or else I am a Turk* (oder ich will ein Türke sein).
31. *If she be fair* (gilt sie . . .); ähnlich im folgenden Couplet.

Desdemona. Das sind abgeschmackte, alte Reime, um die Narren im Bierhause zum Lachen zu bringen. Was für ein erbärmliches Lob hast du denn für eine, die häßlich und dumm ist?

Jago.
> Kein Mädchen ist so dumm und häßlich auch zugleich,
> Trotz Hübschen und Gescheiten macht sie 'nen dummen
> Streich.

Desdemona. O grober Unverstand! Du preisest die Schlechtste am besten. Aber welches Lob bleibt dir für eine wirklich verdienstvolle Frau; für eine, die in dem Adel ihres Werts mit Recht den Ausspruch der Bosheit selbst herausfordern darf? —

Jago. Die immer schön, doch nicht dem Stolz vertraut,
> Von Zunge flink, doch niemals sprach zu laut;
> Nicht arm an Gold, nie bunten Schmuck sich gönnte,
> Den Wunsch erstickt und dennoch weiß: *ich könnte!*
> Die selbst im Zorn, wenn Rache nah zur Hand,
> Die Kränkung trägt und ihren Groll verbannt;
> Die nie von Überwitz sich läßt berauschen,
> Für derben Salm den Gründling einzutauschen;
> Sie, die viel denkt, die Neigung doch verschweigt
> Und keinen Blick dem Schwarm der Werber zeigt;
> Die nennt' ich gut — wär' sie nur aufzutreiben —

Desdemona. Nun sag, wozu?

Jago. Narrn aufzuziehn, und Dünnbier anzuschreiben.

Desdemona. O über solchen lahmen, hinkenden Schluß! — Lerne nichts von ihm, Emilie, wenn er gleich dein Mann ist. — Was meint Ihr, Cassio? Ist er nicht ein recht heilloser, ausgelaßner Schwätzer?

Cassio. Er redet derb, gnäd'ge Frau; der Soldat wird Euch besser an ihm gefallen als der Gelehrte.

Jago *(beiseite).* Er faßt sie bei der Hand: so recht! flüstert nur! Mit solchem kleinen Gewebe will ich eine so große Fliege umgarnen als Cassio. — Ja, lächle du sie an! Nur zu! Deine eignen Scharrfüße sollen dir Beinschellen werden. — Ganz recht! In der Tat, so ist's — wenn solche Manieren dich um deine Leutnantschaft bringen, so wär's besser gewesen, du hättest deine drei Finger nicht so oft geküßt, mit denen du jetzt wieder so stattlich den Kavalier

spielst. – Sehr gut! Wohl geküßt! Eine herrliche Verbeu-
gung! Ja, ja, so ist's! – Schon wieder die Finger an den
Mund? So wollt' ich doch, es wären Klistierspritzen um
deinetwillen! *(Trompetenstoß.)*
     Der Mohr! Ich kenne sein Signal. –
C a s s i o.   Er ist's.
D e s d e m o n a. Wir wollen ihm entgegen, ihn empfangen.
C a s s i o. Da kommt er schon.
           (Othello kommt mit Gefolge.)
O t h e l l o. O meine holde Kriegrin!
D e s d e m o n a.   Mein Othello!
O t h e l l o.
     Ein Wunder dünkt mich's, groß wie meine Freude,
     Dich hier zu sehn vor mir. O mein Entzücken!
     Wenn jedem Sturm so heitre Stille folgt,
     Dann blast, Orkane, bis den Tod ihr weckt!
     Dann klimme, Schiff, die Wogenberg' hinan,
     Hoch wie Olymp, und tauch hinunter tief
     Zum Grund der Hölle! Gält' es, jetzt zu sterben,
     Jetzt wär' mir's höchste Wonne; denn ich fürchte,
     So volles Maß der Freude füllt mein Herz,
     Daß nie ein andres Glück mir, diesem gleich,
     Im Schoß der Zukunft harrt.
D e s d e m o n a.   Verhüte Gott,
     Daß unsre Lieb' und Glück nicht sollten wachsen
     Wie unsrer Tage Zahl!
O t h e l l o.   Amen, ihr holden Mächte! –
     Nicht auszusprechen weiß ich diese Wonne,
     Hier stockt es; o es ist zu viel der Freude:
     (Er umarmt sie.)
     Und dies, und dies, der größte Mißklang sei's,
     Den unser Herz je tönt.
J a g o *(beiseite).*   Noch seid ihr wohlgestimmt,
     Doch dieses Einklangs Wirbel spann ich ab,
     So wahr ich ehrlich bin.
O t h e l l o.   Gehn wir aufs Schloß. –
     Wißt Ihr's? Der Krieg ist aus, der Türk' ertrank.
     Wie geht's den alten Freunden hier auf Zypern? –
     Liebchen, dich wird man hoch in Ehren halten,
     Ich fand hier große Gunst. O süßes Herz,

Ich schwatze alles durcheinander, schwärme
Im neuen Glück. – Ich bitt dich, guter Jago,
Geh nach der Bucht und schaff ans Land die Kisten;
Bring auch den Schiffsherrn mir zur Zitadelle;
Es ist ein wackrer Seemann, des Verdienst
Ich hoch belohnen muß. Komm, Desdemona,
Nochmals begrüßt in Zypern!

(*Othello, Desdemona und Gefolge ab.*)

J a g o (*zu einem Diener*). Geh du sogleich zum Hafen und
erwarte mich dort. (*Zu Rodrigo.*) Komm näher. Wenn du
ein Mann bist – denn man sagt, daß auch Feige, wenn sie
verliebt sind, sich zu höherer Gesinnung erheben als ihnen
angeboren war –, so höre mich an. Der Leutnant hat diese
Nacht die Wache auf dem Schloßhof – vorerst aber muß
ich dir sagen: Desdemona ist richtig in ihn verliebt.

R o d r i g o. In ihn? unmöglich.

J a g o. Leg deinen Finger – so; und laß dich belehren,
Freund: besinne dich nur, wie heftig sie zuerst den Mohren liebte, nur, weil er prahlte und ihr unerhörte Lügen
auftischte. Wird sie ihn immer für sein Schwatzen lieben?
Das kann deine verständige Seele nicht glauben wollen.
Ihr Auge verlangt Nahrung, und welches Wohlgefallen
kann ihr's gewähren, den Teufel anzusehn? Wenn das
Blut durch den Genuß abgekühlt ist, dann bedarf es – um
sich aufs neue zu entflammen und der Sättigung neue Be-
gier zu wecken – Anmut der Gestalt, Übereinstimmung in
Jahren, Gesittung und Schönheit; und an dem allen fehlt's
dem Mohren. Nun, beim Mangel aller dieser ersehnten
Annehmlichkeiten wird ihr feiner Sinn sich getäuscht fühlen; sie wird des Mohren erst satt, dann überdrüssig werden und endlich ihn verabscheuen; die Natur selbst wird
sie anleiten und sie zu einer neuen Wahl treiben. Nun,
Freund, dieses eingeräumt – wie es denn eine ganz erwie-
sene[32] und ungezwungne Voraussetzung ist –, wer steht
wohl so gewiß auf der Stufe dieses Glücks als Cassio? Der
Bube ist sehr gewandt, gewissenhaft nur so weit, als er die
äußere Form eines sittsamen und gebildeten Betragens an-
nimmt, um seine lockern, geheimen, wilden Neigungen um

2. *pregnant* (einleuchtend).

so leichter zu befriedigen. – Nein, keiner, keiner! ein glat-
ter geschmeidiger Bube; ein Gelegenheitshascher, dessen
Blick Vorteile prägt und falschmünzt, wenn selbst kein
wirklicher Vorteil sich ihm darbietet: ein Teufelsbube!
überdem ist der Bube hübsch, jung und hat alle die Er-
fordernisse, wonach Torheit und grüner Verstand hin-
schielen: ein verdammter, ausgemachter Bube! und sie hat
ihn schon ausgefunden.

R o d r i g o. Das kann ich von ihr nicht glauben, sie ist von
höchst sittsamer Gesinnung.

J a g o. Schade was ums Sittsame[33]! der Wein, den sie trinkt,
ist aus Trauben gepreßt; wäre sie so sittsam, dann hätte
sie nie den Mohren lieben können: sittsam hin und her!
Sahst du nicht, wie sie mit seiner flachen Hand tätschelte?
Hast du das nicht bemerkt? –

R o d r i g o. O ja; aber das war nur Höflichkeit.

J a g o. Verbuhltheit, bei dieser Hand! – Eine Einleitung
und dunkler Prologus zum Schauspiel der Lust und der
schnöden Gedanken. Sie kamen sich so nah mit ihren Lippen, daß ihr Hauch sich liebkoste. Bübische Gedanken,
Rodrigo! Wenn diese Vertraulichkeiten so den Weg bah-
nen, so kommt gleich hinterdrein der Zweck und die Aus-
übung, der fleischliche Beschluß. He? – Aber Freund, laß
dir raten – ich habe dich von Venedig hergeführt. Steh
heut nacht mit Wache; ich nehme es auf mich, dir deinen
Posten anzuweisen: Cassio kennt dich nicht; ich werde
nicht weit sein; finde nur eine Gelegenheit, Cassio zum
Zorn zu reizen, sei's durch lautes Reden oder durch Spott
über seine Mannszucht, oder welchen andern Anlaß du
sonst wahrnimmst, den die günstige Zeit dir eben darbietet.

R o d r i g o. Gut.

J a g o. Er ist heftig und sehr jähzornig und schlägt vielleicht mit seinem Stabe nach dir; reize ihn nur, daß er's
tue, denn das genügt mir schon, um die Zyprier zum Auf-
ruhr zu bringen, der nicht wieder beschwichtigt werden
kann als durch Cassios Absetzung. So findest du einen
kürzern Weg zu deinem Ziel durch die Mittel, die ich dann

---

33. *blessed fig's end* (Sinn: ihre Sittsamkeit ist nicht viel wert).

habe, dir Vorschub zu tun, und wir schaffen das Hindernis aus dem Wege, ohne dessen Besiegung kein Erfolg erwartet werden darf.

R o d r i g o. Das will ich tun, wenn du mir Gelegenheit gibst.

J a g o. Dafür steh ich dir. Komm nur sogleich auf die Zitadelle, ich muß jetzt sein Gepäck ans Land schaffen. Leb wohl!

R o d r i g o. Gott befohlen! – *(Ab.)*

J a g o. Daß Cassio sie liebt, das glaub ich wohl;
 Daß sie ihn liebt, ist denkbar und natürlich.
 Der Mohr (obschon ich ihm von Herzen gram)
 Ist liebevoller, treuer, edler Art
 Und wird für Desdemona, denk ich, sicher
 Ein wackrer Ehmann. Jetzt lieb ich sie auch;
 Nicht zwar aus Lüsternheit – wiewohl vielleicht
 Nicht kleinre Sünde mir zuschulden kommt –,
 Nein, mehr um meine Rach' an ihm zu weiden,
 Weil ich vermute, daß der üpp'ge Mohr
 Mir ins Gehege kam, und der Gedanke
 Nagt wie ein fressend Gift an meinem Innern;
 Nichts kann und soll mein Herz beruhigen,
 Bis ich ihm wett geworden, Weib um Weib;
 Oder, schlägt dies mir fehl, bring ich den Mohren
 In Eifersucht so wilder Art, daß nie
 Vernunft sie heilen kann. Dies zu vollbringen –
 Hält nur mein Köter von Venedig stand,
 Den ich mir ködre zu der schnellen Jagd –
 Pack ich den Michael Cassio bei der Hüfte,
 Verschwärz ihn dann dem Mohren als gefährlich;
 Denn Cassio fürcht ich auch für mein Gespons.
 So dankt Othello mir's, liebt mich, belohnt mich,
 Daß ich so stattlich ihn zum Esel machte
 Und seine Ruh' und Freud' ihm untergrub,
 Zum Wahnsinn. – Ja, hier liegt's, noch nicht entfaltet;
 Die Bosheit wird durch Tat erst ganz gestaltet. *(Ab.)*

ZWEITE SZENE

Straße.

(Ein Herold tritt auf.)

H e r o l d. Es ist Othellos, unsres edeln und tapfern Generals, Wunsch, daß auf die zuverlässige, jetzt eingegangene
Nachricht von der gänzlichen Vernichtung der türkischen
Flotte jedermann seine Freude kundtue; sei es durch Tanz
oder Lustfeuer, oder wie ihn sonst seine Neigung zu Spiel
und Kurzweil treibt; denn außer jenem erfreulichen Er-
eignis feiert er heut seine Hochzeit: solches wird auf seinen Befehl ausgerufen. Alle Säle des Palastes sind geöff-
net, und volle Freiheit zu Schmaus und Fest von jetzt
fünf Uhr an, bis die elfte Stunde geschlagen. Der Himmel
segne die Insel Zypern und unsern edlen General Othello.
(Ab.)

DRITTE SZENE

Schloß.

(Othello, Desdemona, Cassio und Gefolge treten auf.)

O t h e l l o. Mein lieber Michael,
    Halt ja genaue Wache diese Nacht.
    Wir müssen selbst auf ehrbar Maß bedacht sein,
    Daß nicht die Lust unbändig werde.
C a s s i o. Jago ward schon befehligt, was zu tun;
    Doch außerdem noch soll mein eignes Auge
    Auf alles sehn.
O t h e l l o.   Jago ist treu bewährt.
    Gut Nacht! auf morgen mit dem Frühesten
    Hab ich mit dir zu reden. – Komm, Geliebte:
    Den Preis erringt sich, wer den Handel schloß;
    Wir teilen ihn, mein holder Mitgenoß.[34]
    Gut Nacht! *(Othello und Desdemona ab.)*
                (Jago tritt auf.)
C a s s i o. Willkommen, Jago! wir müssen auf die Wache.

34. *The purchase made, the fruits are to ensue: | That profit's yet to
come 'tween me and you* (Der Kauf ist getätigt, die Früchte sollen folgen:
Der Gewinn für uns beide muß sich noch einstellen).

J a g o. Jetzt noch nicht, Leutnant, es ist noch nicht zehn Uhr. Unser General schickt uns so früh fort aus Liebe zu seiner Desdemona, und wir dürfen ihn drum nicht tadeln; es ist seine erste glückliche Nacht, und sie ist Jupiters würdig.[35]

C a s s i o. Sie ist eine unvergleichliche Frau.

J a g o. Und dafür steh ich, sie hat Feuer.

C a s s i o. Gewiß, sie ist ein blühendes, süßes Geschöpf.

J a g o. Welch ein Auge! Mir scheint es wie ein Aufruf zur Verführung.

C a s s i o. Ein einladendes Auge; und doch, wie mir scheint, ein höchst sittsames.

J a g o. Und wenn sie spricht, ist's nicht eine Herausforde-rung zur Liebe?

C a s s i o. Sie ist in der Tat die Vollkommenheit selbst.

J a g o. Nun, Heil ihrem Bette! Komm, Leutnant, ich habe ein Stübchen Wein, und hier draußen sind ein paar muntre Jungen aus Zypern, die gern eine Flasche auf die Gesund-heit des schwarzen Othello ausstechen möchten.

C a s s i o. Nicht heut abend, lieber Jago; ich habe einen sehr schwachen, unglücklichen Kopf zum Trinken. Mir wär's lieb, wenn die Höflichkeit eine andre Sitte der Unterhaltung erfände.

J a g o. O es sind gute Freunde; nur einen Becher; ich will für dich trinken.

C a s s i o. Ich habe heut abend nur *einen* Becher getrunken, der noch dazu stark mit Wasser gemischt war, und sieh nur, wie es mich verändert hat. Ich habe leider diese Schwachheit und darf meinen Kräften nicht mehr zu-muten.

J a g o. Ei, Lieber, es ist ja Fastnacht heut. Die jungen Leute wünschen es.

C a s s i o. Wo sind sie?

J a g o. Hier vor der Tür; ich bitte dich, rufe sie herein.

C a s s i o. Ich will's tun, aber es geschieht ungern. *(Geht ab.)*

J a g o. Wenn ich ihm nur *ein* Glas aufdrängen kann,
    Zu dem, was er an diesem Abend trank,

---

35. *He hath not yet made wanton the night with her; | and she is sport for Jove* (Er hat noch keine Nacht mit ihr zur Lust gehabt; und sie taugt zum Zeitvertreib für Jupiter).

Wird er so voller Zank und Ärger sein
Als einer Dame[36] Schoßhund. – Rodrigo nun, mein
         Gimpel,
Den Liebe wie 'nen Handschuh umgewendet,
Hat Desdemonen manchen tiefen Humpen
Heut jubelnd schon geleert und muß zur Wache.
Drei jungen Zyprern, hochgesinnt und rasch –
Im Punkt der Ehre keck und leicht gereizt,
Dem wahren Ausbund hier der mut'gen Jugend,
Hab ich mit vollen Flaschen zugesetzt;
Die wachen auch. – Nun, in der trunknen Schar
Reiz ich Herrn Cassio wohl zu solcher Tat,
Die alles hier empört. – Doch still, sie kommen. –
Hat nur Erfolg, was jetzt mein Kopf ersinnt,
Dann fährt mein Schiff mit vollem Strom und Wind.
(Es kommen Cassio, Montano und mehrere Edelleute.)

C a s s i o. Auf Ehre, haben sie mir nicht schon einen Hieb[37]
beigebracht.

M o n t a n o. Ei, der wäre klein! Kaum eine Flasche, so
wahr ich ein Soldat bin!

J a g o. Wein her! *(Singt.)*
   Stoßt an mit dem Gläselein, klingt! klingt! –
   Stoßt an mit dem Gläselein, klingt!
   Der Soldat ist ein Mann,
   Das Leben ein' Spann,
   Drum lustig, Soldaten, und trinkt.
Wein her, Burschen! –

C a s s i o. Auf Ehre, ein allerliebstes Lied.

J a g o. Ich hab's in England gelernt, wo sie, das muß man
sagen, sich gewaltig auf das Bechern verstehn. Euer Däne,
Euer Deutscher, Euer dickbäuchiger Holländer – zu trinken, he! – sind alle nichts gegen den Engländer –

C a s s i o. Ist denn der Engländer so sehr ausbündig im
Trinken?

J a g o. Ei wohl! den Dänen trinkt er Euch mit Gemächlich-
keit untern Tisch; es wird ihn wenig angreifen, den Deut-
schen kaputt zu machen; und den Holländer zwingt er zur
Übergabe, eh' der nächste Humpen gefüllt werden kann.

---

36. *my young mistress' dog* (meiner jungen Herrin Schoßhund).
37. *rouse* (Humpen, Pokal).

C a s s i o. Auf unsers Gouverneurs Gesundheit!

M o n t a n o. Die trink ich mit, Leutnant, und ich will Euch Bescheid tun.

J a g o. O das liebe England! – *(Singt.)*

> König Stephan war ein wackrer Held,
> Eine Krone kostet ihm sein Rock:
> Das fand er um sechs Grot geprellt
> Und schalt den Schneider einen Bock.
> Und war ein Fürst von großer Macht,
> Und du bist solch geringer Mann:
> Stolz hat manch Haus zu Fall gebracht,
> Drum zieh den alten Kittel an.

Wein her, sag ich! –

C a s s i o. Ei, das Lied ist noch viel herrlicher als das erste.

J a g o. Wollt ihr's nochmals hören?

C a s s i o. Nein, denn ich glaube, der ist seiner Stelle unwürdig, der so was tut. – Wie gesagt – der Himmel ist über uns allen; – und es sind Seelen, die müssen selig werden – und andre, die müssen nicht selig werden.

J a g o. Sehr wahr, lieber Leutnant.

C a s s i o. Ich meinesteils – ohne dem General oder sonst einer hohen Person vorzugreifen – ich hoffe, selig zu werden.

J a g o. Und ich auch, Leutnant.

C a s s i o. Aber, mit Eurer Erlaubnis, nicht vor mir – der Leutnant muß vor dem Fähnrich selig werden. Nun genug hievon; wir wollen auf unsre Posten. – Vergib uns unsre Sünden! – Meine Herrn, wir wollen nach unserm Dienst sehn. – Ihr müßt nicht glauben, meine Herrn, daß ich betrunken sei – dies ist mein Fähnrich, – dies ist meine rechte Hand – dies meine linke Hand – ich bin also nicht betrunken; ich stehe noch ziemlich gut und spreche noch ziemlich gut.

A l l e. Außerordentlich gut.

C a s s i o. Nun, recht gut also; ihr müßt also nicht meinen, daß ich betrunken sei. *(Er geht ab.)*

M o n t a n o. Jetzt zur Terrasse; laßt die Wachen stellen.

J a g o. Da seht den jungen Mann, der eben ging! –

> Ein Krieger, wert, beim Cäsar selbst zu stehn
> Und zu befehlen; doch Ihr seht sein Laster:

Es ist das Äquinoktium seiner Tugend,
Eins ganz dem andern gleich. 's ist schad um ihn!
Das Zutraun, fürcht ich, das der Mohr ihm schenkt,
Bringt Zypern Unglück, trifft die Schwachheit ihn
Zu ungelegner Stunde.

Montano.   Ist er oft so?

Jago. So ist er immer vor dem Schlafengehn:
Er wacht des Zeigers Umkreis zweimal durch,
Wiegt ihn der Trunk nicht ein.

Montano.   Dann wär' es gut,
Man meldete den Fall dem General,
Vielleicht, daß er's nicht sieht; vielleicht gewahrt
Sein gutes Herz die Tugend nur am Cassio,
Und ihm entgehn die Fehler; ist's nicht so? –
                    (Rodrigo tritt auf.)

Jago. Was soll's, Rodrigo?
Ich bitt Euch, folgt dem Leutnant nach – so geht!
                    (Rodrigo ab.)

Montano. Und wahrlich schade, daß der edle Mohr
So wicht'gen Platz als seinem zweiten Selbst
Dem Mann vertraut, in dem die Schwachheit wuchert.
Der tät' ein gutes Werk, wer dies dem Mohren
Entdeckte.

Jago.   Ich nimmermehr, nicht für ganz Zypern.
Ich liebe Cassio sehr und gäbe viel,
Könnt' ich ihn heilen. Horch! Was für ein Lärm?

*(Man ruft hinter der Szene: »Hilfe! Hilfe!« – Cassio kommt
      zurück und verfolgt den Rodrigo.)*

Cassio. Du Lump! Du Tölpel!

Montano.   Nun, was ist Euch, Leutnant?

Cassio. Der Schurke! Pflicht mich lehren? Wart, in eine
Korkflasche prügle ich ihn hinein, den Wicht! –

Rodrigo. Mich prügeln?

Cassio.   Muckst du, Kerl?
                    (⟨Er schlägt Rodrigo.⟩)

Montano.   Still, lieber Leutnant!
      (Er hält den Cassio zurück.)
Ich bitt Euch, haltet ein!

Cassio.   Herr, laßt mich gehn,
Sonst zeichn' ich Eure Fratze –

M o n t a n o. Geht, Ihr seid trunken! –
C a s s i o. Trunken? *(Sie fechten.)*
J a g o.

> Fort, sag ich! *(Leise zu Rodrigo.)* Eil und rufe Meuterei!
> *(Rodrigo ab.)*
> Still doch, Herr Leutnant! Still doch, liebe Herrn!
> He, Hilfe! Leutnant – Herr – Montano – Herr! –
> Helft, Nachbarn! – Nun, das ist 'ne saubre Wache!
> Wer zieht die Glocke denn? Oh, Diavolo!
> Die Stadt wird wach – Pfui, pfui doch, Leutnant! halt!
> Ihr macht Euch ew'ge Schande.
>   *(Othello kommt mit Gefolge.)*

O t h e l l o.   Was gibt es hier? –
M o n t a n o.

> Ich blute! Er traf mich tödlich! Sterben soll er!

O t h e l l o. Bei Euerm Leben, halt! –
J a g o.

> Halt, Leutnant! Herr! Montano – liebe Herrn –
> Vergaßt Ihr allen Sinn für Rang und Pflicht? –
> Halt! hört den General! O schämt Euch! halt!

O t h e l l o. Was gibt es hier? Woher entspann sich dies?

> Sind wir denn Türken? Tun uns selber das,
> Was dem Ungläubigen der Himmel wehrt?
> Schämt euch als Christen! Laßt eu'r heidnisch Raufen;
> Wer sich noch rührt und zäumt nicht seine Wut,
> Der wagt sein Leben dran; ein Schritt ist Tod.
> Still mit dem Sturmgeläut! Es schreckt die Insel
> Aus ihrer Fassung. Was geschah, Ihr Herrn?
> Ehrlicher Jago, du siehst bleich vor Gram,
> Sprich, wer hub an? Bei deiner Lieb', ich will's.

J a g o. Ich weiß nicht. Freunde jetzt noch, jetzt im Nu

> Liebreich und gut wie Bräutigam und Braut,
> Wenn sie zu Bette gehn: und drauf im Nu
> (Als ob sie plötzlich ein Planet verwirrt),
> Das Schwert heraus und aufeinander stechend
> Im blut'gen Widerstreit. Ich kann nicht sagen,
> Wie dieser wunderliche Kampf begann,
> Und hätt' in guter Schlacht die Beine lieber
> Verloren, die dazu hieher mich trugen.

O t h e l l o. Wie, Cassio, kam's, daß du dich so vergaßest?

C a s s i o.
    Ich bitt Euch, Herr, verzeiht, ich kann nicht reden.

O t h e l l o. Würd'ger Montan, Ihr scheint mir sonst gesittet;
    Die Ruh' und edle Haltung Eurer Jugend
    Pries alle Welt, und Euer Name prangte
    Im Lob der Weisen: sagt mir denn, wie kam's,
    Daß Ihr so abgestreift den guten Ruf
    Und Eures Leumunds Reichtum für den Namen
    Des nächt'gen Raufers hinwerft? gebt mir Antwort!

M o n t a n o. Würd'ger Othello, ich bin schwer verwundet;
    Eu'r Fähnrich Jago kann Euch Meldung tun –
    Mir fällt das Reden schwer, ich spart' es gern –
    Von allem, was ich weiß – doch wüßt' ich nicht,
    Worin ich mich in Wort noch Tat versündigt;
    Wenn Selbsterhaltung nicht ein Frevel ist
    Und unser Leben schützen ein Vergehn,
    Wann uns Gewalt bedrohte.

O t h e l l o.   Nun, beim Himmel,
    Mein Blut beginnt zu meistern die Vernunft;
    Und Leidenschaft, mein helles Urteil trübend,
    Maßt sich der Führung an; reg ich mich erst,
    Erheb ich nur den Arm, dann soll der Beste
    Vor meinem Streiche fallen. Tut mir kund,
    Wie kam der schnöde Zank? Wer bracht' ihn auf?
    Wer immer hier verschuldet dies Vergehn –
    Wär' er mir blutsverwandt, mein Zwillingsbruder –
    Verliert mich. – . . . Was! In der Festung selbst –
    Das Volk, noch ungewiß, von Angst betäubt –
    Privatgezänk und Händel anzustiften,
    Bei Nacht, und auf des Schlosses höchster Wache. –
    's ist ungeheuer. – Jago, wer begann?

M o n t a n o. Wer hier parteiisch oder dienstbefreundet
    Mehr oder minder als die Wahrheit spricht,
    Ist kein Soldat.

J a g o.   Ha, leg mir's nicht so nah![38] –
    Ich büßte ja die Zunge lieber ein,
    Als daß sie gegen Michael Cassio zeugte;
    Doch glaub ich fest, die Wahrheit reden bringt

---

38. *Touch me not so near* (Komm mir nicht so nahe).

Ihm keinen Nachteil. – So geschah's, mein Feldherr:
Ich und Montano waren im Gespräch,
Da kommt ein Mensch, der laut um Hilfe schreit;
Und Cassio folgt ihm mit gezücktem Schwert,
Ihn zu verwunden; drauf trat dieser Herr
Cassio entgegen, bat ihn, still zu sein;
Und ich derweil verfolgte jenen Schreier,
Damit sein Ruf nicht (wie es doch geschah)
Die Stadt erschrecke. Jener, leicht zu Fuß,
Entlief mir; und ich kehrte um so schneller,
Weil ich Geklirr und Waffenlärm vernahm
Und Cassios lautes Fluchen, was bis heut
Ich nie von ihm gehört; als ich zurückkam –
Und dies war gleich – fand ich sie hart zusammen,
Auf Hieb und Stoß: ganz, wie das zweitemal,
Als Ihr sie selber trenntet.
      Mehr von dem Vorfall ist mir nicht bekannt; –
Doch Mensch ist Mensch, der Beste fehlt einmal;
Und ob ihm Cassio gleich zu nah getan –
Wie man in Wut den besten Freund ja schlägt –
– Doch denk ich, ward von dem, der floh, an Cassio
So große Kränkung wohl geübt, als kaum
Geduld ertragen mag.

O t h e l l o.   Ich weiß, Jago,
Aus Lieb' und Bravheit schmückst du diese Sache
Und milderst sie für Cassio. – Cassio, ich liebe dich;
Allein mein Leutnant bist du länger nicht. –
(Desdemona kommt mit Gefolge.)
Seht, ward mein liebes Weib nicht auch geweckt! –
– Du sollst ein Beispiel sein.

D e s d e m o n a. Was ging hier vor, mein Teurer?

O t h e l l o. 's ist alles gut schon, Liebchen – komm zu Bett.
Ich selbst will Arzt sein, Herr, für Eure Wunden. –
Führt ihn nach Haus. *(Montano wird weggeführt.)*
Du, Jago, sieh mit Sorgfalt auf die Stadt
Und schwicht'ge, wen der schnöde Lärm geängstet.
Komm, Desdemona; oft im Kriegerleben
Wird süßer Schlaf der Störung preisgegeben.
      (Alle ab; es bleiben Jago und Cassio.)

J a g o. Seid Ihr verwundet, Leutnant?

C a s s i o. O ja! so, daß kein Arzt mir hilft! –

J a g o. Ei, das verhüte der Himmel! –

C a s s i o. Guter Name! Guter Name! Guter Name! O ich
habe meinen guten Namen verloren! Ich habe das un-
sterbliche Teil von mir selbst verloren, und was übrig
bleibt, ist tierisch. – Mein guter Name, Jago, mein guter
Name! –

J a g o. So wahr ich ein ehrlicher Mann bin, ich dachte, du
hättest eine körperliche Wunde empfangen, und das bedeutet mehr als mit dem guten Namen. Der gute Name
ist eine nichtige und höchst trügliche Einbildung, oft ohne
Verdienst erlangt und ohne Schuld verloren. Du hast überall gar keinen guten Namen verloren, wenn du nicht an
diesen Verlust glaubst. Mut, Freund! es gibt ja Mittel, den
General wiederzugewinnen: du bist jetzt nur in seiner
Heftigkeit kassiert; er straft mehr aus Klugheit als aus
böser Absicht, just als wenn einer seinen harmlosen Hund
schlüge, um einen dräuenden Löwen zu schrecken; gib ihm
wieder ein gutes Wort, und er ist dein.

C a s s i o. Lieber will ich ein gutes Wort einlegen, daß er
mich ganz verstoße, als einen so guten Feldherrn noch
länger hintergehn mit einem so leichtsinnigen, trunkenen
und unbesonnenen Offizier. Trunken sein? und wie ein
Papagei plappern? und renommieren und toben, fluchen
und Bombast schwatzen mit unserm eignen Schatten? O
du unsichtbarer Geist des Weins, wenn du noch keinen
Namen hast, an dem man dich kennt: so heiße Teufel!

J a g o. Wer war's, den du mit dem Degen verfolgtest? Was
hatte er dir getan? –

C a s s i o. Ich weiß nicht.

J a g o. Ist's möglich?

C a s s i o. Ich besinne mich auf einen Haufen Dinge, aber
auf nichts deutlich; auf einen Zank, aber nicht weswegen.
– O daß wir einen bösen Feind in den Mund nehmen, damit er unser Gehirn stehle! – Daß wir durch Frohlocken,
Schwärmen, Vergnügen und Aufregung uns in Vieh ver-
wandeln! –

J a g o. Nun, aber du scheinst mir jetzt recht wohl; wie hast
du dich so schnell erholt? –

C a s s i o. Es hat dem Teufel *Trunkenheit* gefallen, dem

Teufel *Zorn* Platz zu machen. Eine Schwachheit erzeugt
mir die andre, damit ich mich recht von Herzen verachten
möge.

J a g o. Geh, du bist ein zu strenger Moralist. Wie Zeit, Art
und die Umstände des Lebens beschaffen sind, wünschte
ich von Herzen, dies wäre nicht geschehn; da es aber nun
einmal so ist, so richte es wieder ein zu deinem Besten.

C a s s i o. Ich will wieder um meine Stelle bei ihm nach-
suchen; er wird mir antworten, ich sei ein Trunkenbold!
hätte ich so viel Mäuler als die Hydra, solch eine Antwort
würde sie alle stopfen. Jetzt ein vernünftiges Wesen sein,
bald darauf ein Narr und plötzlich ein Vieh – o furchtbar! – Jedes Glas zuviel ist verflucht, und sein Inhalt ist
ein Teufel! –

J a g o. Geh, geh; guter Wein ist ein gutes, geselliges Ding,
wenn man mit ihm umzugehn weiß. Scheltet mir nicht
mehr auf ihn – und, lieber Leutnant, ich denke, du denkst,
ich liebe dich.

C a s s i o. Ich habe Beweise davon, Freund. – Ich betrunken! –

J a g o. Du oder jeder andre Erdensohn kann sich wohl einmal betrinken, Freund. Ich will dir sagen, was du zu tun
hast. Unsers Generals Frau ist jetzt General – das darf ich
insofern sagen, als er sich ganz dem Anschauen, der Be-
wunderung und Auffassung ihrer Reize und Vollkommen-
heiten hingegeben und geweiht hat. Nun, beichte ihr alles
frei heraus; bestürme sie, sie wird dir schon wieder zu
deinem Amt verhelfen. Sie ist von so offener, gütiger, füg-
samer[39] und gnadenreicher Gesinnung, daß sie's für einen
Flecken in ihrer Güte halten würde, nicht noch mehr zu
tun, als um was sie gebeten wird. Dies zerbrochne Glied
zwischen dir und ihrem Manne bitte sie zu schienen; und,
mein Vermögen gegen irgend etwas, das Namen hat, dieser Freundschaftsbruch wird die Liebe fester machen als
zuvor.

C a s s i o. Du rätst mir gut.

J a g o. Ich beteure es mit aufrichtiger Liebe und redlichem
Wohlwollen.

---

39. *apt* (entgegenkommend).

C a s s i o. Das glaube ich zuversichtlich, und gleich morgen
    früh will ich die tugendhafte Desdemona ersuchen, sich
    für mich zu verwenden. Ich verzweifle an meinem Glück,
    wenn's mich hier zurückstößt.
J a g o. Ganz recht. Gute Nacht, Leutnant! ich muß auf die
    Wache.
C a s s i o. Gute Nacht, ehrlicher Jago! *(Er geht ab.)*
J a g o. Und wer ist nun, der sagt, ich sei ein Schurke?
    Da dieser Rat aufrichtig ist und redlich,
    Geprüft erscheint und in der Tat der Weg,
    Den Mohren umzustimmen? Denn sehr leicht
    Wird Desdemonas mildes Herz bewegt
    Für eine gute Sache; sie ist spendend
    Wie Segen selbst[40]; und ihr, wie leicht alsdann
    Den Mohren zu gewinnen; – gält's der Taufe
    Und der Erlösung Siegel zu entsagen. –
    Sein Herz ist so verstrickt von ihrer Liebe,
    Daß sie ihn formt, umformt, tut, was sie will,
    Wie's ihr gelüsten mag, den Gott zu spielen
    Mit seiner Schwachheit. Bin ich denn ein Schurke?
    Rat ich dem Cassio solchen Richtweg[41] an
    Zu seinem Glück? – Theologie der Hölle! –
    Wenn Teufel ärgste Sünde fördern wollen,
    So locken sie zuerst durch frommen Schein,
    Wie ich anjetzt. Derweil der gute Tropf
    In Desdemona dringt, ihm beizustehn,
    Und sie mit Nachdruck sein Gesuch begünstigt,
    Träuf ich den Gifttrank in Othellos Ohr:
    Daß sie zu eigner Lust zurück ihn ruft;
    Und um so mehr sie strebt, ihm wohlzutun,
    Vernichtet sie beim Mohren das Vertraun.
    So wandl' ich ihre Tugend selbst zum Laster
    Und strick ein Netz aus ihrer eignen Güte,
    Das alle soll umgarnen. – Nun, Rodrigo?
        (Rodrigo kommt.)
R o d r i g o. Ich folge hier der Meute, nicht wie ein Hund,
    der jagt, sondern wie einer, der nur anschlägt. Mein Geld

40. *She's framed as fruitful / As the free elements* (Sie ist von so groß-
züriger Art wie die freien Elemente).
41. *parallel course* (doppelgleisiger Kurs, d. h. zu dem Jagos).

ist fast vertan; ich bin heut nacht tüchtig durchgeprügelt,
und ich denke, das Ende wird sein, daß ich für meine
Mühe doch etwas Erfahrung gewinne und so, ganz ohne
Geld und mit etwas mehr Verstand, nach Venedig heim-
kehre.

J a g o. Wie arm sind die, die nicht Geduld besitzen! –
  Wie heilten Wunden als nur nach und nach?
  Du weißt, man wirkt durch Witz und nicht durch
                                           Zauber;
  Und Witz beruht auf Stund' und günst'ger Zeit.
  Geht's denn nicht gut? Cassio hat dich geschlagen,
  Und du, mit wenig Schmerz, kassierst den Cassio:
  Gedeiht auch schlechtes Unkraut ohne Sonne[42],
  Von Früchten reift zuerst, die erst geblüht –
  Beruh'ge dich. – Beim Kreuz! Der Morgen graut,
  Vergnügen und Geschäft verkürzt die Zeit. –
  Entferne dich; geh jetzt in dein Quartier:
  Fort, sag ich, du erfährst in kurzem mehr. –
  Nein, geh doch nur! *(Rodrigo ab.)*
                           Zwei Dinge sind zu tun:
  Mein Weib muß ihre Frau für Cassio bitten,
  Ich stimme sie dazu;
  Indes nehm ich den Mohren auf die Seite
  Und führ ihn just hinein, wenn Cassio dringend
  Sein Weib ersucht. Nun helfe mir der Trug!
  So muß es gehn: fort Lauheit und Verzug! –
                  (Er geht ab.)

42. *Though other things grow fair against the sun* (Obwohl auch andere
Dinge schön zur Sonne wachsen). Der genaue Sinn des Vergleichs ist umstritten, auf jeden Fall soll gesagt werden, daß auch Rodrigo, wenngleich
nicht als erster, sein Ziel erreichen wird.

DRITTER AUFZUG

ERSTE SZENE

Vor dem Schlosse.

(Cassio tritt auf mit Musikanten.)

C a s s i o. Ihr Herrn, spielt auf, ich zahl Euch Eure Müh':
Ein kurzes Stück als Morgengruß dem Feldherrn.
(Musik. Der Narr tritt auf.)

N a r r. Nun, Ihr Herren? Sind Eure Pfeifen in Neapel gewesen, daß sie so durch die Nase schnarren?[43] – Aber hier
ist Geld für Euch, Ihr Herren, und dem General gefällt
Eure Musik so ausnehmend, daß er Euch um alles in der
Welt bitten läßt, keinen Lärm mehr damit zu machen.

M u s i k a n t e n. 's ist gut, Herr, das wollen wir auch nicht.

N a r r. Wenn Ihr eine Musik habt, die gar nicht zu hören
ist, in Gottes Namen; aber was man sagt, Musik *hören*:
danach fragt der General nicht viel.

M u s i k a n t e n. Solche haben wir nicht, Herr.

N a r r. Dann steckt Eure Pfeifen wieder in den Sack, denn
ich will fort. Geht! – verschwindet in die Lüfte! husch!
(Die Musikanten gehen ab.)

C a s s i o. Hörst du, mein ehrliches Gemüt? –

N a r r. Nein, Eu'r ehrliches Gemüt hör ich nicht; ich höre Euch.

C a s s i o. Ich bitt dich, laß deine Witze. Hier hast du ein
kleines Goldstückchen; wenn die Gesellschaftsdame deiner
Gebieterin schon munter ist, sag ihr, hier sei ein gewisser

---

43. Es fehlt das folgende obszöne Wortspiel:
First Musician. How, sir, how?
Clown. Are these, I pray you, wind instruments?
First Musician. Ay, marry are they, sir.
Clown. O, thereby hangs a tail.
First Musician. Whereby hangs a tale?
*Clown. Marry, sir, by many a wind instrument that I know.
But . . .*
(E r s t e r M u s i k a n t. Wie, Herr, wie?
N a r r. Ich bitte euch, sind das Blasinstrumente?
E r s t e r M u s i k a n t. Ja natürlich, Herr.
N a r r. Oh, daran hängt ein Schwanz [Geschichte].
E r s t e r M u s i k a n t. Woran hängt eine Geschichte [Schwanz]?
N a r r. Gewiß, Herr, an manchem Blasinstrument, das ich kenne.
Aber . . .).

Cassio, der sie um die Vergünstigung eines kurzen Ge-
sprächs bitte. Willst du das tun? –

N a r r. Munter ist sie, Herr; wenn sie sich hierher ermun-
tern will, so werd ich's ihr insinuieren.

(Narr ab. Jago tritt auf.)

C a s s i o. Dank, lieber Freund! Ei, Jago, grade recht! –

J a g o. So gingt Ihr nicht zu Bett?

C a s s i o. Ich? Nein, der Morgen graute,
    Eh' wir uns trennten. Eben jetzt, mein Jago,
    Schickt' ich zu deiner Frau und ließ sie bitten,
    Sie wolle bei der edlen Desdemona
    Mir Zutritt schaffen.

J a g o.   Ich will gleich sie rufen;
    Und auf ein Mittel sinn ich, wie der Mohr
    Entfernt wird, daß Ihr um so freier Euch
    Besprechen mögt. *(Ab.)*

C a s s i o. Von Herzen dank ich dir's. – Ich kannte nie
    'nen Florentiner, der so brav und freundlich.

(Emilia tritt auf.)

E m i l i a. Guten Morgen, werter Leutnant. Euer Unfall
    Betrübt mich sehr, doch wird noch alles gut.
    Der General und seine Frau besprechen's,
    Und warm vertritt sie Euch; er wendet ein,
    Der junge Mann[44] sei hochgeschätzt in Zypern,
    Von großem Anhang; und nach bestem Rat
    Könn' er Euch nicht verteid'gen. Doch er liebt Euch,
    Und keines Fürworts braucht's als seine Freundschaft[45],
    Euch wieder einzusetzen.

C a s s i o.   Dennoch bitt ich –
    Wenn Ihr's für ratsam haltet oder tunlich –
    Schafft mir die Wohltat einer Unterredung
    Allein mit Desdemona.

E m i l i a.   Kommt mit mir.
    Ich richt es ein, daß Ihr in günst'ger Muße
    Euch frei erklären mögt.

C a s s i o.   Wie dank ich Euch.

(Sie gehen ab.)

---

44. Es fehlt: *you hurt* (den Ihr verwundetet).
45. Es fehlt: *To take the safest occasion by the front* (Um die sicherste
Gelegenheit beim Schopf zu fassen).

ZWEITE SZENE

Ebendaselbst.

(Othello, Jago und Edelleute treten auf.)

O t h e l l o. Die Briefe, Jago, gib dem Schiffspatron,
>Und meinen Gruß entbiet' er dem Senat;
>Ich will hernach die Außenwerke sehn,
>Dort triffst du mich.
J a g o.   Sehr wohl, mein General.
O t h e l l o.
>Beliebt's, Ihr Herrn, zur Festung mir zu folgen? –
E d e l l e u t e.
>Wir sind bereit, mein gnäd'ger Herr.
>>*(Sie gehen ab.)*

DRITTE SZENE

Ebendaselbst.

(Desdemona, Cassio und Emilia treten auf.)

D e s d e m o n a.
>Nein, zweifle nicht, mein guter Cassio, alles,
>Was mir nur möglich, biet ich für dich auf.
E m i l i a.
>Tut's, edle Frau; ich weiß, mein Mann betrübt sich,
>Als wär' es seine Sache.
D e s d e m o n a. Er ist ein ehrlich Herz. Sei ruhig, Cassio,
>Ich mache meinen Herrn und dich aufs neue
>Zu Freunden, wie ihr wart.
C a s s i o.   O güt'ge Frau,
>Was auch aus Michael Cassio werden mag,
>Auf immer bleibt er Eurem Dienst ergeben.
D e s d e m o n a.
>Ich[46] dank Euch, Cassio. – Ihr liebt ja meinen Herrn,
>Ihr kennt ihn lange schon; drum seid gewiß,
>Er wendet sich nicht ferner von Euch ab,
>Als ihn die Klugheit zwingt.

46 Voraus geht: *I know't:* (Ich weiß es:).

Cassio.   Doch, gnäd'ge Frau,
    Die Klugheit währt vielleicht so lange Zeit,
    Lebt von so magrer, wassergleicher Kost,
    Erneut vielleicht sich aus dem Zufall so,
    Daß, wenn ich fern bin und mein Amt besetzt,
    Der Feldherr meine Lieb' und Treu' vergißt.
Desdemona. Das fürchte nimmer; vor Emilien hier
    Verbürg ich dir dein Amt; und sei gewiß,
    Versprach ich jemand einen Dienst, den leist ich
    Bis auf den letzten Punkt: ich laß ihm keine Ruh;
    Ich wach ihn zahm, schwätz ihn aus der Geduld;
    Sein Tisch und Bett soll Beicht' und Schule sein,
    In alles, was er vornimmt, meng ich ihm
    Cassios Gesuch: deshalb sei fröhlich, Cassio!
    Denn deine Mittlerin wird lieber sterben
    Als dich versäumen.
    (Othello und Jago treten in einiger Entfernung auf.)
Emilia.   Gnäd'ge Frau, hier kommt
    Der General.
Cassio.   Ich nehme meinen Abschied.
Desdemona.
    Ei, bleibt und hört mich reden!
Cassio.   Gnäd'ge Frau,
    Jetzt nicht, ich bin nicht unbefangen, wenig
    Geschickt für meine Absicht.
Desdemona.   Meinethalb,
    Tut nach Belieben. *(Cassio geht.)*
Jago. Ha! – das gefällt mir nicht!
Othello.   Was sagst du da?
Jago. Nichts, gnäd'ger Herr; doch wenn – – – ich weiß
                                        nicht, was.
Othello. War das nicht Cassio, der mein Weib verließ?
Jago. Cassio, Gen'ral? Gewiß, ich dächt' es nicht,
    Daß er wie schuldbewußt wegschleichen würde,
    Da er Euch kommen sieht.
Othello.   Ich glaub, er war's.
Desdemona. Ei sieh, mein lieber Herr! –
    Soeben sprach ein Bittender mit mir,
    Ein Mann, durch dein Mißfallen ganz entmutigt.
Othello. Wer ist es, den du meinst?

Desdemona.
>   Nun, deinen Leutnant Cassio. Teurer Freund,
>   Hat meine Liebe Kraft, dich zu bewegen,
>   Dann augenblicks versöhne dich mit ihm –
>   Ist er nicht einer, der dich wahrhaft liebt,
>   Aus Übereilung fehlt' und nicht aus Vorsatz,
>   Versteh ich schlecht mich auf ein ehrlich Auge; –
>   Bitt dich, ruf ihn zurück.

Othello.   Ging er jetzt fort?

Desdemona. Ja wahrlich, so gebeugt,
>   Daß er ein Teil von seinem Gram mir ließ,
>   Mit ihm zu leiden. Liebster, ruf ihn wieder.

Othello. Jetzt nicht, geliebtes Herz, ein andermal.

Desdemona.
>   Doch bald?

Othello.   So bald als möglich, deinethalb.

Desdemona. Zum Abendessen denn.

Othello.   Nein, heute nicht.

Desdemona.
>   Dann morgen mittag?

Othello.   Ich speise nicht zu Haus;
>   Die Offiziere luden mich zur Festung.

Desdemona.
>   Nun, morgen abend? oder Dienstag morgen,
>   Zu Mittag oder Abend – Mittwoch früh? –
>   O nenne mir die Zeit, doch laß es höchstens
>   Drei Tage sein. Gewiß, es reut ihn sehr;
>   Und sein Vergehn, nach unsrer schlichten Einsicht –
>   Wiewohl der Krieg ein Beispiel fordert, sagt man,
>   Am Besten selbst –, ist nur ein Fehl, geeignet
>   Für heimlichen Verweis. – Wann darf er kommen?
>   Sprich doch, Othello; ich begreife nicht,
>   Was ich dir weigerte, das du verlangtest,
>   Oder so zaudernd schwieg. Ei, Michael Cassio,
>   Der für dich warb und manches liebe Mal,
>   Wenn ich von dir nicht immer günstig sprach,
>   Dich treu verfocht – den kostet's so viel Müh'
>   Dir zu versöhnen? Traun, ich täte viel –

Othello. Ich bitt dich, laß – er komme, wann er will;
>   Ich will dir nichts versagen.

Desdemona. Es ist ja nicht für mich:
    Es ist, als bät' ich dich, Handschuh zu tragen,
    Dich warm zu halten, kräft'ge Kost zu nehmen,
    Oder als riet' ich dir besondre Sorgfalt
    Für deine Pflege – nein, hab ich zu bitten,
    Was deine Liebe recht in Anspruch nimmt,
    Dann muß es schwierig sein und voll Gewicht
    Und mißlich die Gewährung.
Othello. Ich will dir nichts versagen;
    Dagegen bitt ich dich, gewähr mir dies –
    Laß mich ein wenig nur mit mir allein.
Desdemona.
    Soll ich's versagen? Nein, leb wohl, mein Gatte!
Othello.
    Leb wohl, mein Herz! ich folge gleich dir nach.
Desdemona. Emilia, komm.
    (Zu Othello.)   Tu, wie dich Laune treibt;
    Was es auch sei, gehorsam bin ich dir.
            (Geht ab mit Emilien.)
Othello. Holdselig Ding! Verdammnis meiner Seele,
    Lieb ich dich nicht! und wenn ich dich nicht liebe,
    Dann kehrt das Chaos wieder.
Jago. Mein edler General –
Othello.   Was sagst du, Jago?
Jago. Hat Cassio, als Ihr warbt um Eure Gattin,
    Gewußt um Eure Liebe?
Othello. Vom Anfang bis zu Ende: warum fragst du?
Jago. Um nichts als meine Neugier zu befried'gen;
    Nichts Arges sonst.
Othello.   Warum die Neugier, Jago?
Jago. Ich glaubte nicht, er habe sie gekannt.
Othello. O ja, er ging von einem oft zum andern.
Jago. Wirklich?
Othello. Wirklich! ja, wirklich! – Findst du was darin?
    Ist er nicht ehrlich?
Jago.   Ehrlich, gnäd'ger Herr?
Othello. Ehrlich, ja ehrlich!
Jago.   Soviel ich weiß, Gen'ral!
Othello. Was denkst du, Jago?
Jago.   Denken, gnäd'ger Herr?

O t h e l l o.
>   Hm, denken, gnäd'ger Herr! Bei Gott, mein Echo!
>   Als läg' ein Ungeheu'r in seinem Sinn,
>   Zu gräßlich, es zu zeigen. – Etwas meinst du;
>   Jetzt eben riefst du: *das gefällt mir nicht!* –
>   Als Cassio fortging. *Was* gefällt dir nicht? –
>   Und als ich sagt', ihm hab ich mich vertraut
>   Im Fortgang meiner Werbung, riefst du: *wirklich?*
>   Und zogst und faltetest die Stirn zusammen,
>   Als hieltst du einen greulichen Gedanken
>   Verschlossen im Gehirn – wenn du mich liebst,
>   Sprich, was du denkst –

J a g o. Ihr wißt, ich lieb Euch, Herr!
O t h e l l o.   Das, denk ich, tust du;
>   Und weil ich weiß, du bist mein Freund und redlich
>   Und wägst das Wort, eh' du ihm Atem leihst,
>   So ängstet mich dies Stocken um so mehr –
>   Denn derlei ist bei falsch treulosen Buben
>   Alltäglich Spiel: doch bei dem Biedermann
>   Heimlicher Wink[47], der aus dem Herzen dringt,
>   Im Zorn des Edelmuts.

J a g o.   Nun, Michael Cassio –
>   Ich darf wohl schwören, ehrlich halt ich ihn.

O t h e l l o. Ich auch.
J a g o.   Man sollte sein das, was man scheint;
>   Und die es nicht sind, sollten's auch nicht scheinen.

O t h e l l o.
>   Ganz recht, man sollte sein das, was man scheint.

J a g o. Nun wohl, so halt ich Cassio dann für ehrlich.
O t h e l l o. Nein, damit meinst du mehr:
>   Ich bitt dich, sprich mir ganz so wie du denkst,
>   Ganz wie du sinnst; und gib dem schlimmsten Denken
>   Das schlimmste Wort.

J a g o.   Mein General, verzeiht;
>   Obgleich zu jeder Dienstpflicht Euch verbunden,
>   Nicht bin ich's da, wo Sklaven frei sich fühlen.
>   Aussprechen die Gedanken!
>   Gesetzt, sie wären niedrig und verkehrt –

---

47. *close dilations* (unfreiwilliges Zögern).

Wo ist der Palast, wo nicht auch einmal
Schändliches eindringt? Wessen Herz so rein,
Daß der und jener schmutz'ge Zweifel nicht
Einmal zu Rat sitzt und Gerichtstag hält
Mit rechtsgemäßer Forschung?

O t h e l l o. Du übst Verrat an deinem Freunde, Jago!
Glaubst du, man kränk' ihn, und verhüllst ihm doch,
Was du nur irgend denken magst.

J a g o.   Ich bitt Euch,
Wenn auch vielleicht falsch ist, was ich vermute
(Wie's, ich bekenn es, stets mein Leben quält,
Fehltritten nachgehn; auch mein Argwohn oft
Aus nichts die Sünde schafft), daß Eure Weisheit
Auf einen, der so unvollkommen wahrnimmt,
Nicht hören mag; noch Unruh' Euch erbaun
Aus seiner ungewiß zerstreuten Meinung[48]; –
Nicht kann's bestehn mit Eurer Ruh' und Wohlfahrt,
Noch meiner Mannheit, Redlichkeit und Vorsicht,
Sag ich Euch, was ich denke.

O t h e l l o.   Sprich, was meinst du?

J a g o. Der gute Name ist bei Mann und Frau,
Mein bester Herr,
Das eigentliche Kleinod ihrer Seelen.
Wer meinen Beutel stiehlt, nimmt Tand; 's ist etwas
Und nichts; mein war es, ward das Seine nun
Und ist der Sklav' von Tausenden gewesen.
Doch, wer den guten Namen mir entwendet,
Der raubt mir das, was ihn nicht reicher macht,
Mich aber bettelarm.

O t h e l l o. Beim Himmel! ich will wissen, was du denkst.

J a g o. Ihr könnt's nicht, läg' in Eurer Hand mein Herz,
Noch sollt Ihr's, weil es meine Brust verschließt.

O t h e l l o. Ha! –

J a g o.   Oh, bewahrt Euch, Herr, vor Eifersucht,
Dem grüngeaugten Scheusal, das besudelt[49]
Die Speise, die es nährt. – Heil dem Betrog'nen,
Der, seiner Schmach bewußt, die Falsche haßt!

---

48. *Out of his scattering and unsure observance* (Aus seiner zufälligen
und unsicheren Beobachtung).
49. *doth mock* (verhöhnt).

Doch welche Qualminuten zählt der Mann,
Der liebt, verzweifelt, argwohnt und vergöttert!
O t h e l l o. O Jammer! –
J a g o. Arm und vergnügt ist reich und überreich;
Doch Krösus' Reichtum[50] ist so arm als Winter
Für den, der immer fürchtet, er verarme –
O Himmel, schütz all meiner Freunde Herz
Vor Eifersucht! –
O t h e l l o.　　　　Wie? Was ist das? Denkst du,
Mein Leben soll aus Eifersucht bestehn? –
Und wechseln, wie der Mond, in ew'gem Schwanken,
Mit neuer Furcht? Nein, einmal Zweifeln macht
Mit eins entschlossen. Vertausch mich mit 'ner Geiß,
Wenn ich das Wirken meiner Seele richte
Auf solch verblasnes, nichtiges Phantom,
Wahnspielend, so wie du. Nicht weckt mir's Eifersucht,
Sagt man, mein Weib ist schön, gedeiht, spricht
　　　　　　　　　　　　　　　scherzend,
Sie liebt Gesellschaft, singt, spielt, tanzt mit Reiz –
Wo Tugend ist, macht das noch tugendhafter –
Noch schöpf ich je aus meinen eignen Mängeln
Die kleinste Furcht, noch Zweifel ihres Abfalls;
Sie war nicht blind und wählte mich. Nein, Jago,
Eh' ich zweifle, will ich sehn; zweifl' ich, Beweis:
Und hab ich den, so bleibt nichts anders übrig
Als fort auf eins mit Lieb' und Eifersucht.
J a g o. Das freut mich, denn nun darf ich ohne Scheu
Euch offenbaren meine Lieb' und Pflicht,
Mit freierm Herzen. Drum als Freundeswort
Hört soviel nur: noch schweig ich von Beweisen. –
Beachtet Eure Frau; prüft sie mit Cassio.
Das Auge klar, nicht blind, nicht eifersüchtig;
Wie traurig, würd' Eu'r freies, edles Herz
Gekränkt durch innre Güte: drum gebt acht!
Venedigs Art und Sitte kenn ich wohl:
Dort lassen sie den Himmel Dinge sehn,
Die sie dem Mann verbergen – gut Gewissen
Heißt dort nicht: unterlaß! nein: halt geheim!

---

50. *riches fineless* (grenzenloser Reichtum).

O t h e l l o. Meinst du? –
J a g o. Den Vater trog sie, da sie Euch geehlicht –
    Als sie vor Euerm Blick zu beben schien,
    War sie in Euch verliebt.
O t h e l l o.   Ja wohl!
J a g o.   Nun folglich:
    Sie, die so jung sich so verstellen konnte,
    Daß sie des Vaters Blick mit Nacht umhüllte,
    Daß er's für Zauber hielt – doch scheltet mich –
    In Demut bitt ich Euch, Ihr wollt verzeihn,
    Wenn ich zu sehr Euch liebe.
O t h e l l o. Ich bin dir ewig dankbar.
J a g o. Ich seh, dies bracht' Euch etwas aus der Fassung.
O t h e l l o. O gar nicht! gar nicht! –
J a g o.   Traun, ich fürcht es doch.
    Ich hoff, Ihr wollt bedenken, was ich sprach
    Geschah aus Liebe: – doch Ihr seid bewegt –
    Ich bitt Euch, Herr! dehnt meine Worte nicht
    Zu größerm Raum und weitrer Richtung aus
    Als auf Vermutung.
O t h e l l o.   Nein.
J a g o.   Denn tätet Ihr's,
    So hätten meine Reden schlimmre Folgen,
    Als ich jemals gedacht. Sehr lieb ich Cassio –
    Ich seh, Ihr seid bewegt. –
O t h e l l o.   O nein! nicht sehr! –
    Ich glaube, Desdemona ist mir treu.
J a g o. Lang bleibe sie's! Und lange mögt Ihr's glauben! –
O t h e l l o. Und dennoch – ob Natur, wenn sie verirrt –
J a g o. Ja, darin liegt's: als – um es dreist zu sagen –
    So manchem Heiratsantrag widerstehn
    Von gleicher Heimat, Wohlgestalt und Rang,
    Wonach, wir sehn's, Natur doch immer strebt:
    Hm, darin spürt man Willen, allzulüstern,
    Maßlosen Sinn, Gedanken unnatürlich.
    Jedoch verzeiht: ich hab in diesem Fall
    Nicht sie bestimmt gemeint: obschon ich fürchte,
    Ihr Wille, rückgekehrt zu besserm Urteil,
    Vergleicht Euch einst mit ihrem Landsgenossen,
    Und dann vielleicht bereut sie.

O t h e l l o.   Leb wohl! Leb wohl!
    Wenn du mehr wahrnimmst, laß mich mehr erfahren;
    Dein Weib geb' auf sie acht! – Verlaß mich, Jago. –
J a g o. Lebt wohl, mein gnäd'ger Herr! *(Abgehend.)*
O t h e l l o.
    Warum vermählt' ich mich? – Der brave Mensch
    Sieht und weiß mehr, weit mehr, als er enthüllt! –
J a g o *(zurückkehrend)*.
    Mein General, ich möcht' Euch herzlich bitten,
    Nicht weiter grübelt; überlaßt's der Zeit:
    Und ist's gleich recht, Cassio im Dienst zu lassen
    (Denn allerdings steht er ihm trefflich vor),
    Doch, wenn's Euch gut dünkt, haltet ihn noch hin;
    Dadurch verrät er sich und seine Wege.
    Habt acht, ob Eure Gattin seine Rückkehr
    Mit dringend heft'gem Ungestüm begehrt;
    Daraus ergibt sich manches. Unterdes
    Denkt nur, ich war zu emsig in der Furcht
    (Und wirklich muß ich fürchten, daß ich's war –),
    Und haltet sie für treu[51], mein edler Feldherr!
O t h e l l o. Sorg nicht um meine Fassung.
J a g o. Noch einmal nehm ich Abschied. *(Ab.)*
O t h e l l o. Das ist ein Mensch von höchster Redlichkeit
    Und kennt mit wohlerfahrnem Sinn das Treiben
    Des Weltlaufs. Find ich dich verwildert, Falk,
    Und sei dein Fußriem' mir ums Herz geschlungen,
    Los geb ich dich, fleuch hin in alle Lüfte,
    Auf gutes Glück! – Vielleicht wohl, weil ich schwarz bin
    Und mir des leichten Umgangs Gabe fehlt,
    Der Stutzer ziert; auch weil sich meine Jahre
    Schon abwärts senken; – doch das heißt nicht viel: –
    Sie ist dahin! – Ich bin getäuscht! – Mein Trost
    Sei bittrer Haß. Oh! Fluch des Ehestands,
    Daß unser diese zarten Wesen sind
    Und nicht ihr Lüsten! Lieber Kröte sein
    Und von den Dünsten eines Kerkers leben,
    Als daß ein Winkel im geliebten Wesen
    Für andre sei. – Das ist der Großen Qual,

---

51. *free* (unschuldig).

Sie haben minder Vorrecht als der Niedre;
's ist ihr Geschick, unwendbar wie der Tod;
Schon im Entstehn schwebt der gehörnte Fluch
Auf unsrer Scheitel. Siehe da, sie kommt: –
(Desdemona und Emilia treten auf.)
Ist diese falsch, so spottet sein der Himmel! –
Ich will's nicht glauben!

Desdemona.   Nun, mein teurer Herr?
Dein Gastmahl und die edlen Zyprier,
Die du geladen, warten schon auf dich.

Othello. Ich bin zu tadeln.

Desdemona. Was redest du so matt? Ist dir nicht wohl?

Othello. Ich fühle Schmerz an meiner Stirne hier.

Desdemona. Ei ja, das kommt vom Wachen, es vergeht:
Ich will sie fest dir binden, in 'ner Stunde
Ist's wieder gut.

Othello.   Dein Schnupftuch ist zu klein.
(Er wischt das Schnupftuch weg; sie läßt es fallen.)
Laß nur: komm mit, ich geh hinein mit dir.

Desdemona.
Es quält mich sehr, daß du dich unwohl fühlst.
(Desdemona und Othello ab.)

Emilia. Mich freut, daß ich das Tuch hier finde;
Dies war des Mohren erstes Liebespfand.
Mein wunderlicher Mann hieß mich schon zehnmal
Das Tuch entwenden: doch sie liebt's so sehr
(Denn er beschwor sie's sorglich stets zu hüten),
Daß sie's beständig um sich trägt, es küßt
Und spricht damit. Das Stickwerk zeichn' ich nach,
Und geb es Jago:
Wozu er's will, der Himmel weiß: gleichviel,
Ich füge mich in seiner Launen Spiel.
(Jago tritt auf.)

Jago. Was gibt's? Was machst du hier allein?

Emilia. Nun zank nur nicht, ich habe was für dich.

Jago. Hast was für mich? Das ist nun wohl nichts Neues –

Emilia. Ei! seht mir doch!

Jago.   Ein närrisch Weib zu haben.

Emilia. So! weiter nichts! – Nun, sprich! was gibst du mir
Für dieses Taschentuch?

J a g o.   Welch Taschentuch? –
E m i l i a. Welch Taschentuch?
      Ei nun, des Mohren erstes Brautgeschenk,
      Das du so oft mir zu entwenden hießest.
J a g o. Hast du's gestohlen?
E m i l i a. Das nicht, sie ließ es fallen aus Versehn;
      Und ich zum Glück stand nah und hob es auf.
      Sieh da, hier ist's.
J a g o.   Ein braves Weib! Gib her! –
E m i l i a. Was soll dir's nur, daß du so eifrig drängst,
      Ihr's wegzumausen? –
J a g o *(reißt es ihr weg)*. Ei! Was geht's dich an! –
E m i l i a.
      Hat's keinen wicht'gen Zweck, so gib mir's wieder:
      Die arme Frau! – Sie wird von Sinnen kommen,
      Wenn sie's vermißt.
J a g o.
      Tu du, als weißt du nichts: ich brauch's zu was;
      Laß dir nichts merken: g'nug, daß ich's bedarf.
      Geh, laß mich. *(Emilia ab.)*
      Ich will bei Cassio dieses Tuch verlieren,
      Da soll er's finden; Dinge, leicht wie Luft,
      Sind für die Eifersucht Beweis so stark
      Wie Bibelsprüche. Dies kann Wirkung tun.
      Der Mohr ist schon im Kampf mit meinem Gift: –
      Gefährliche Gedanken sind gleich Giften,
      Die man zuerst kaum wahrnimmt am Geschmack,
      Allein nach kurzer Wirkung auf das Blut,
      Gleich Schwefelminen glühn. Ich sagt' es wohl! –
      (Othello tritt auf.)
      Da kommt er. Mohnsaft nicht noch Mandragora
      Noch alle Schlummerkräfte der Natur
      Verhelfen je dir zu dem süßen Schlaf,
      Den du noch gestern hattest.
O t h e l l o. Ha! Ha! mir treulos! Mir! –
J a g o. Nun, faßt Euch, General! Nichts mehr davon.
O t h e l l o.
      Fort! Heb dich weg! Du warfst mich auf die Folter: –
      Ich schwör, 's ist besser, sehr betrogen sein
      Als nur ein wenig wissen.

J a g o.   Wie, Gen'ral?
O t h e l l o. Was ahnet' ich von ihren stillen Lüsten? –
    Ich sah's nicht, dacht' es nicht, war ohne Harm;
    Schlief wohl die nächste Nacht, aß gut[52], war frei und
                                  froh;
    Ich fand nicht Cassios Küss' auf ihren Lippen:
    Wenn der Bestohlne nicht vermißt den Raub,
    Sagt ihr's ihm nicht, so ist er nicht bestohlen.
J a g o. Es schmerzt mich, dies zu hören.
O t h e l l o. Noch wär' ich glücklich, wenn das ganze Lager,
    Troßbub' und alles, ihren süßen Leib genoß
    Und ich erfuhr es nicht. O nun, auf immer
    Fahr wohl, des Herzens Ruh'! Fahr wohl, mein Friede!
    Fahr wohl, du wallnder Helmbusch, stolzer Krieg,
    Der Ehrgeiz macht zur Tugend! Oh, fahr wohl!
    Fahr wohl, mein wiehernd Roß und schmetternd Erz,
    Mutschwellnde Trommel, muntrer Pfeifenklang,
    Du königlich Panier und aller Glanz,
    Pracht, Pomp und Rüstung des glorreichen Kriegs! –
    Und o du Mordgeschoß, des rauher Schlund
    Des ew'gen Jovis Donner widerhallt,
    Fahr wohl! Othellos Tagwerk ist getan! –
J a g o. Ist's möglich? – Gnäd'ger Herr –
O t h e l l o. Beweise, Schurk', mir, daß mein Weib verbuhlt,
    Tu's ja, schaff mir den sichtlichen Beweis;
    Sonst, bei dem Leben meiner ewgen Seele,
    Besser wär' dir's, ein Hund geboren sein
    Als meinem Grimm dich stellen.
J a g o.   Dahin kam's?
O t h e l l o. Sehn will ich oder mindestens Beweis,
    An dem kein Häkchen sei, den kleinsten Zweifel
    Zu hängen dran, sonst wehe deiner Seele! –
J a g o. Mein edler Herr! –
O t h e l l o.
    Wenn du sie frech verleumd'st und folterst mich,
    Dann bete nie mehr; schließ die Rechnung[53] ab;
    Auf höchsten Greuel häufe neuen Greuel;
    Mach, daß der Himmel weint, die Erde bebt,

---

52. »aß gut« gehört nicht in den Text.
53. *remorse* (Gewissen, Mitleid).

Denn nichts zum ewgen Fluche kannst du fügen,
Das größer sei.

J a g o.   Oh! Gnad'! o Himmel! schützt mich! –
Seid Ihr ein Mann? habt Ihr Vernunft und Sinn? –
Fahrt wohl denn! Nehmt mein Amt. – Ich blöder Tor,
Des Lieb' und Redlichkeit als Laster gilt! –
Oh! schnöde Welt! merk auf, merk auf, o Welt!
Aufrichtig sein und redlich bringt Gefahr.
Dank für die Warnung; keinen Freund von jetzt
Lieb ich hinfort, da Liebe so verletzt.

O t h e l l o.
Nein, bleib, du solltest doch wohl ehrlich sein.

J a g o. Klug sollt' ich sein, denn Gradheit ist 'ne Törin,
Die das verfehlt, wonach sie strebt.

O t h e l l o.   Bei Gott!
Ich denk, mein Weib ist treu, und ist es nicht;
Ich denke, du bist brav, und bist es nicht;
Ich will Beweis. Ihr Name, einst so hell
Wie Dianens Antlitz, ist nun wüst und schwarz
Wie mein Gesicht. – Wenn's Messer gibt und Stricke,
Gift, Feuer oder Ströme zum Ersäufen,
Ich duld es nicht. – O wär' ich überzeugt! –

J a g o. Ich sehe, wie Euch Leidenschaft verzehrt;
Mich reut, daß ich Euch Anlaß gab: so möchtet
Ihr überzeugt sein? –

O t h e l l o.   Möchte? Nein, ich will's.

J a g o. Und könnt. Doch wie? Wie überzeugt, o Herr?
Wollt Ihr mit offnem Blick die Frechheit schaun?
Sie sehn gepaart?

O t h e l l o.   Ha, Tod und Teufel! oh! –

J a g o. Ein schwierig Unternehmen, denk ich mir,
Sie so zur Schau zu bringen: 's wär' zu toll,
Wenn mehr noch als vier Augen Zutritt fänden
Bei solchem Lustspiel! Was denn also? Wie?
Was soll ich tun? Wo Überzeugung finden?
Unmöglich ist es, dies mit anzusehn,
Und wären sie wie Geiß' und Affen wild,
Hitzig, wie brünst'ge Wölfe, plump und sinnlos
Wie trunkne Dummheit. Dennoch sag ich Euch,
Wenn Schuldverdacht und Gründe trift'ger Art,

Die gradhin führen zu der Wahrheit Tor,
Euch Überzeugung schafften, solche hätt' ich.

O t h e l l o. Gib sprechende Beweise, daß sie falsch.

J a g o. Ich hasse dies Geschäft:
Doch weil ich hierin schon so weit gegangen –
Verlockt durch Lieb' und dumme Redlichkeit –,
So fahr ich fort. – Ich schlief mit Cassio jüngst,
Und da ein arger Schmerz im Zahn mich quälte,
Konnt' ich nicht ruhn.
Nun gibt es Menschen von so schlaffem Geist,
Daß sie im Traum ausschwatzen, was sie tun,
Und Cassio ist der Art.
Im Schlafe seufzt' er: süße Desdemona! –
Sei achtsam, unsre Liebe halt geheim! –
Und dann ergriff und drückt' er meine Hand,
Rief: süßes Kind! – und küßte mich mit Inbrunst,
Als wollt' er Küsse mit der Wurzel reißen
Aus meinen Lippen, legte dann das Bein
Auf meines, seufzt' und küßte mich und rief:
Verwünschtes Los, das dich dem Mohren gab! –

O t h e l l o. O greulich! greulich!

J a g o.   Nun, dies war nur Traum.

O t h e l l o. Doch er bewies vorhergegangne Tat.

J a g o. Ein schlimm Bedenken ist's, sei's auch nur Traum,
Und dient vielleicht zur Stütze andrer Proben,
Die schwach beweisen.

O t h e l l o.   In Stücke reiß ich sie!

J a g o. Nein, mäßigt Euch; noch sehn wir nichts getan;
Noch kann sie schuldlos sein. Doch sagt dies eine –
Saht Ihr nie sonst in Eures Weibes Hand
Ein feines Tuch, mit Erdbeern bunt gestickt?

O t h e l l o. So eines gab ich ihr, mein erst Geschenk.

J a g o. Das wußt' ich nicht. Allein mit solchem Tuch
(Gewiß war es das ihre) sah ich heut
Cassio den Bart sich wischen.

O t h e l l o.   Wär' es *das* –

J a g o. Das, oder sonst eins, kam's von ihr, so zeugt
Es gegen sie nebst jenen andern Zeichen.

O t h e l l o. Oh! daß der Sklav' zehntausend Leben hätte!
Eins ist zu arm, zu schwach für meine Rache!

Nun seh ich, es ist wahr. Blick her, o Jago,
So blas ich meine Lieb' in alle Winde: –
Hin ist sie. –
Auf, schwarze Rach'! aus deiner tiefen Hölle!
Gib, Liebe, deine Kron' und Herzensmacht
Tyrann'schem Haß! Dich sprenge deine Last,
O Busen, angefüllt mit Natterzungen!

Jago. Ich bitt Euch, ruhig.

Othello.   Blut, o Jago, Blut!

Jago. Geduld, vielleicht noch ändert Ihr den Sinn.

Othello. Nie, Jago, nie! So wie des Pontus Meer,
Des eis'ger Strom und fortgewälzte Flut
Nie rückwärts ebben mag, nein, unaufhaltsam
In den Propontis rollt und Hellespont:
So soll mein blut'ger Sinn in wüt'gem Gang
Nie umschaun noch zur sanften Liebe ebben,
Bis eine vollgenügend weite Rache
Ihn ganz verschlang. *(Er kniet nieder.)*
                    Nun, beim kristallnen[54] Äther,
Mit schuld'ger Ehrfurcht vor dem heil'gen Eid,
Verpfänd ich hier mein Wort.

Jago *(kniet auch)*.   Steht noch nicht auf. –
Bezeugt's, ihr ewig glühnden Lichter dort!
Ihr Elemente, die ihr uns umschließt!
Bezeugt, daß Jago hier sich weiht mit allem,
Was sein Verstand, was Herz und Hand vermag,
Othellos Schmach zu ahnden! Er gebiete,
Und zu gehorchen sei mir Liebespflicht,
Wie blutig auch die Tat. – –

Othello.   Ich grüße deine Liebe
Mit eitlem Dank nicht, nein, mit freud'gem Ja,
Und augenblicklich führ ich dich ans Werk:
Laß in drei Tagen mich von dir vernehmen,
Daß Cassio nicht mehr lebt.

Jago. Mein Freund ist tot; Ihr wollt's, es ist geschehn: –
Sie aber schont.

Othello.
Verdammt, verdammt sei sie, die büb'sche Dirne!

---

54. *marble* (Marmor).

Komm, folge heimlich mir, ich will im stillen
Ein schnelles Todesmittel mir verschaffen
Für diesen schönen Teufel. – Nun bist du mein
                                        Leutnant.

J a g o. Ich bin auf ewig Euer.

                (Sie gehen ab.)

                VIERTE SZENE

                Ebendaselbst.

        (Desdemona, Emilia, der Narr.)

D e s d e m o n a. He! Weißt du, in welcher Gegend Leutnant Cassio liegt?

N a r r. Ich möchte nicht sagen, daß er irgendwo lüge.

D e s d e m o n a. Warum?

N a r r. Er ist ein Soldat, und wollt’ ich sagen, daß ein Soldat lüge, das ginge an Hals und Kragen.

D e s d e m o n a. Nicht doch, wo wohnt er?

N a r r. Euch sagen, wo er wohnt, hieße Euch sagen, wo ich
lüge.

D e s d e m o n a. Ist daraus wohl klug zu werden? –

N a r r. Ich weiß nicht, wo er wohnt, und sollt’ ich eine
Wohnung aus der Luft greifen und sagen, er liegt hier,
oder liegt da – das hieße in meinen Hals hineinlügen.

D e s d e m o n a. Kannst du ihn wohl ausfragen und dich
nach dem Bescheid mit Vernunft gebärden?

N a r r. Ich will die Welt hindurch katechisieren, das heißt,
Fragen stellen und sie antworten lassen.

D e s d e m o n a. Suche ihn auf und schicke ihn her: sage
ihm, ich habe meinen Gemahl für ihn gestimmt, ich hoffe,
alles werde noch gut.

N a r r. Dies auszurichten reicht nicht über das Vermögen
des menschlichen Geistes, und darum will ich das Aben-
teuer bestehen. *(Ab.)*

D e s d e m o n a. Wo hab ich nur das Tuch verlegt, Emilia?

E m i l i a. Ich weiß nicht, gnäd’ge Frau.

D e s d e m o n a.
    Glaub mir, viel lieber mißt’ ich meine Börse,
    Voll von Crusados. Wär’ mein edler Mohr

Nicht großgesinnt und frei vom niedern Stoff
Der Eifersucht, dies könnt' auf schlimme Meinung
Ihn führen.

E m i l i a.   Weiß er nichts von Eifersucht?

D e s d e m o n a.
Wer? Er? – Die Sonn' in seinem Lande, glaub ich,
Sog alle solche Dünst' ihm aus.

E m i l i a.   Da kommt er.

D e s d e m o n a. Ich will ihn jetzt nicht lassen, bis er Cassio
Zurückberief. Wie geht dir's, mein Othello? –

               (Othello tritt auf.)

O t h e l l o.
Wohl, teure Frau!
(Beiseite.)   O Qual, sich zu verstellen! –
(Laut.) Wie geht dir's, Desdemona?

D e s d e m o n a.   Gut, mein Teurer.

O t h e l l o. Gib deine Hand mir. – Diese Hand ist warm.[55]

D e s d e m o n a. Sie hat auch Alter nicht noch Gram gefühlt.

O t h e l l o. Dies deutet Fruchtbarkeit, freigeb'gen Sinn; –
Heiß, heiß, und feucht! Solch einer Hand geziemt
Abtötung von der Welt, Gebet und Fasten,
Viel Selbstkasteiung, Andacht, fromm geübt;
Denn jung und brennend wohnt ein Teufel hier,
Der leicht sich auflehnt. 's ist 'ne milde Hand,
Die gern verschenkt.

D e s d e m o n a.   Du kannst sie wohl so nennen,
Denn diese Hand war's, die mein Herz dir gab.

O t h e l l o.
Eine offne Hand: sonst gab das Herz die Hand;
Die neue Wappenkunst ist Hand, nicht Herz.

D e s d e m o n a.
Davon versteh ich nichts. Nun, dein Versprechen.

O t h e l l o. Welch ein Versprechen, Kind? –

D e s d e m o n a.
Ich ließ den Cassio rufen, dich zu sprechen.

O t h e l l o. Mich plagt ein widerwärt'ger, böser Schnupfen
Leih mir dein Taschentuch.

D e s d e m o n a.   Hier, mein Gemahl.

---

55. *moist* (feucht).

O t h e l l o.
    Das, welches ich dir gab.
D e s d e m o n a.   Ich hab's nicht bei mir.
O t h e l l o. Nicht?
D e s d e m o n a.   Wirklich nicht, mein Teurer.
O t h e l l o. Das muß ich tadeln: dieses Tuch
    Gab meiner Mutter ein Zigeunerweib:
    'ne Zaubrin war's, die in den Herzen las.
    So lange sie's bewahrte, sprach das Weib,
    Würd' es ihr Reiz verleihn und meinen Vater
    An ihre Liebe fesseln; doch verlöre
    Oder verschenkte sie's, satt würde dann
    Sein Blick sie schaun, sein lüstern Auge spähn
    Nach neuem Reiz: sie, sterbend, gab es mir
    Und hieß mir's, wenn mein Schicksal mich vermählte,
    Der Gattin geben. Dies geschah: nun hüt es
    Mit zarter Liebe, gleich dem Augenstern.
    Verlörst du's oder gäbst es fort, es wäre
    Ein Unheil ohne Maß.
D e s d e m o n a.   Wie, ist es möglich?
O t h e l l o. Ja wohl; in dem Gewebe steckt Magie;
    Eine Sibylle, die den Sonnenlauf
    Zweihundertmal die Bahn vollenden sah,
    Hat im prophet'schen Wahnsinn es gewebt.
    Geweihte Würmer spannen ihre Seide,
    Sie färbt's in Mumiensaft, den sie mit Kunst
    Aus Jungfraunherzen zog.
D e s d e m o n a.   Wirklich? ist's wahr?
O t h e l l o. Höchst zuverlässig; drum bewahr es wohl.
D e s d e m o n a. Dann wollte Gott, ich hätt' es nie gesehn.
O t h e l l o. Ha! und weshalb?
D e s d e m o n a.
    Was sprichst du so auffahrend und so schnell?
O t h e l l o.
    Ist's fort? verloren? Sprich! Ist's nicht vorhanden?
D e s d e m o n a. Gott helf' mir!
O t h e l l o.   Nun?
D e s d e m o n a. 's ist nicht verloren, wenn's nun aber wäre?
O t h e l l o. Ha! –
D e s d e m o n a.   Ich sag, es ist noch da.

O t h e l l o.   Dann hol es, zeig mir's.
D e s d e m o n a.
 Das könnt' ich, Herr, allein ich will es nicht.
 Mit solchem Kunstgriff weichst du mir nicht aus –
 Ich bitt dich, nimm den Cassio wieder an.
O t h e l l o. So hole mir das Tuch, mir ahnet Schlimmes.
D e s d e m o n a. Sei gut;
 Du findst nicht wieder solchen tücht'gen Mann.
O t h e l l o. Das Tuch –
D e s d e m o n a.   Er ist ein Mann, der all sein Glück
 Von je auf deine Freundschaft hat gebaut[56] –
O t h e l l o.
 Das Tuch –
D e s d e m o n a. Fürwahr, du tust nicht recht!
O t h e l l o.   Hinweg! *(Ab.)*
E m i l i a. Ist der nicht eifersüchtig?
D e s d e m o n a. So sah ich ihn noch nie! –
 Gewiß, ein Zauber steckt in jenem Tuch:
 Ein wahres Unglück, daß ich es verlor.
E m i l i a. Man lernt den Mann nicht aus in *einem* Jahr;
 Sie alle sind nur Magen, wir nur Kost;
 Sie schlingen uns hinab, und sind sie satt,
 Spein sie uns aus. Seht! Cassio und mein Mann.
   (Jago und Cassio treten auf.)
J a g o. Da ist kein andrer Weg, sie muß es tun;
 Und sieh, wie glücklich! geh, bestürme sie.
D e s d e m o n a. Nun, lieber Cassio! sagt, wie geht es Euch?
C a s s i o. Mein alt Gesuch. Ich bitt Euch, gnäd'ge Frau,
 Laßt mich durch Euer kräftig Fürwort wieder
 Erstehn und teil an seiner Freundschaft finden,
 Die ich mit ganzer Liebe meines Herzens
 Treulich verehre: – nicht verzögre sich's:
 Ist mein Vergehn so tödlich schwerer Art,
 Daß weder vor'ger Dienst noch jetz'ge Reu'
 Noch Vorsatz, künftig edlen Dienst zu tun,
 Mir seine Neigung wieder kann gewinnen,
 So wird mir's Wohltat sein, es nur zu wissen;
 Dann borg ich mir erzwungne Freudigkeit

---

56. Es fehlt: *Shared dangers with you* (Gefahren mit Euch teilte).

Und such auf einer neuen Lebensbahn
Des Glücks Almosen.
Desdemona.   Ach, mein edler Cassio,
Diesmal ist meine Anwaltschaft umsonst;
Mein Herr ist nicht mein Herr, ich kennt' ihn nicht,
Wär' er im Antlitz wie im Geist verwandelt. –
So mag mir jeder fromme Engel helfen,
Wie ich für Euch nach besten Kräften sprach;
Und selbst auf seinen Zorn hab ich's gewagt,
Durch dreistes Wort! Ihr müßt Euch noch gedulden:
Was ich vermag, das tu ich; tu noch mehr,
Als ich für mich je wagte, dies genüg' Euch.
Jago. Ist er erzürnt?
Emilia.   Er ging nur eben fort,
Und wirklich ungewöhnlich aufgeregt.
Jago. Kann er in Zorn sein? Die Kanone sah ich
Ihm seine Schlachtreihn sprengen in die Luft,
Und wie ein Teufel ihm den eignen Bruder
Von seiner Seite raffen; – er im Zorn? –
Dann muß es Großes sein; – ich geh und such ihn –
Gewiß, das hat was auf sich, wenn er zürnt. *(Ab.)*
Desdemona.
Ich bitt dich, tu's. – Vielleicht ein Staatsgeschäft –
Sei's von Venedig, sei's geheime Bosheit,
Der er in Zypern auf die Spur geraten –
Trübt seinen heitern Geist; in solchem Fall
Zanken die Männer leicht mit kleinern Wesen[57],
Sind größre auch der Grund. So ist es immer;
Denn, schmerzt uns nur der Finger, haben auch
Die übrigen gesunden Glieder etwas
Von Wehgefühl. Nein, Männer sind nicht Götter:
Wir müssen nicht des Bräutgams zarte Rücksicht
Von ihnen fordern. Schilt mich nur, Emilie;
Ich dachte seiner Rauheit schon den Stab
Zu brechen, sieh, so kindisch war mein Kriegsrecht;
Den Zeugen, find ich nun, bestach ich selbst,
Und er ist falsch verklagt.
Emilia. Gott geb', es sei'n Staatssachen, wie Ihr glaubt,

57. *inferior things* (niedrigere Dinge, Kleinigkeiten).

Und nicht ein Wahn noch eifersücht'ge Grille,
Die Euch betrifft.

D e s d e m o n a. O liebe Zeit! – ich gab ihm niemals Anlaß.

E m i l i a. Das ist den Eifersücht'gen einerlei,
Sie sind nicht stets aus Anlaß eifersüchtig,
Sie eifern, weil sie eifern; 's ist ein Scheusal,
Erzeugt von selbst, geboren aus sich selbst.

D e s d e m o n a. Gott schütz' Othello vor dem Scheusal!

E m i l i a.   Amen.

D e s d e m o n a. Ich will ihn suchen; Cassio, bleibt hier nah;
Ist er gestimmt, betreib ich Eure Bitte,
Und will es bis zum Äußersten versuchen.

C a s s i o. Ich dank in Demut, gnäd'ge Frau!
     (Desdemona und Emilia ab. Bianca tritt auf.)

B i a n c a. Gott grüß dich, Cassio!

C a s s i o.   Wie kommst du hierher?
Was treibst du, meine allerschönste Bianca?
Just wollt' ich zu dir kommen, liebes Herz.

B i a n c a. Und ich war eben unterwegs zu dir.
Was? Eine Woche konntst du außen bleiben?
Sieben Tag' und Nächte? – Achtmal zwanzig Stunden
Und acht noch? Und einsame Liebesstunden,
Langweil'ger als der Zeiger, hundertmal?
O läst'ge Rechnung!

C a s s i o.   Zürne nicht, mein Kind;
Mich drückte schwere Sorg' in all den Tagen;
Doch werd ich dir zu ungestörter Zeit
Die lange Rechnung tilgen. – Liebste Bianca,
(er gibt ihr Desdemonas Tuch)
Zeichne dies Muster ab.

B i a n c a.   Ei, woher kam dies?
Das ist ein Pfand von einer neuen Freundin.
Dein Wegsein schmerzte, doch der Grund noch mehr:
Kam es so weit? Nun gut, schon gut! –

C a s s i o.   Geh, Mädchen,
Wirf den Verdacht dem Teufel ins Gesicht,
Von dem er kam. Nun, bist du eifersüchtig,
Dies sei von einer Liebsten mir geschenkt? –
Nein, glaub mir's, Bianca! –

B i a n c a.   Nun, woher kam's?

Cassio.
  Ich weiß nicht, Kind, ich fand's auf meinem Zimmer,
  Die Stickerei gefällt mir: eh' man's fordert
  (Was bald geschehn kann), wünscht' ich's nachgezeichnet:
  Da nimm's und tu's, und laß mich jetzt allein.
Bianca. Allein dich lassen? und warum?
Cassio. Ich muß hier warten auf den General;
  Und nicht empfehlend wär' mir's, noch erwünscht,
  Fänd' er mich so begleitet.
Bianca.   Und warum nicht?
Cassio. Nicht, daß ich dich nicht liebte.
Bianca. Nur, daß du mich nicht liebst.
  Ich bitt dich, bring mich etwas auf den Weg
  Und sag mir, kommst du wohl heut abend zeitig?
Cassio. Ich kann ein kurzes Stück nur mit dir gehn,
  Weil ich hier warte: doch ich seh dich bald.
Bianca. Schon gut; man muß sich fügen in die Zeit.
          (Sie gehen ab.)

VIERTER AUFZUG

ERSTE SZENE

Zimmer auf dem Schlosse.

(Othello und Jago.)

Jago. Wie dünkt Euch das?
Othello.   Was soll mich dünken?
Jago.   Was,
  Sich heimlich küssen?
Othello.   Ein verbotner Kuß! –
Jago. Oder nackt im Bett mit ihrem Freunde sein,
  Wohl stundenlang und mehr, in aller Unschuld? –
Othello. Im Bette, Jago, und in aller Unschuld? –
  Das hieße Heuchelei ja mit dem Teufel! –
  Wer keusch sein will und solches tut, des Tugend
  Versucht der Teufel, und er selbst den Himmel.

J a g o. Wenn sie nichts taten, war der Fehl nicht groß;
　　　Doch, wenn ich meiner Frau ein Tuch verehrt –
O t h e l l o. Nun dann? –
J a g o. Nun, dann gehört's ihr, gnäd'ger Herr: und folglich
　　　Darf sie's verschenken, mein ich, wem sie will.
O t h e l l o. Sie ist Gebieterin auch ihrer Ehre;
　　　Darf sie die auch verschenken? –
J a g o. Die Ehr' ist nur ein unsichtbares Wesen,
　　　Und oft besitzt sie der, der sie nicht hat:
　　　Allein das Tuch – –
O t h e l l o. Bei Gott! mit Freuden hätt' ich das vergessen: –
　　　Du sagtest – oh, es schwebt um mein Gedächtnis,
　　　So wie der Rab' um ein verpestet Haus,
　　　Verderben dräu'nd –, er habe jenes Tuch.
J a g o. Nun was denn?
O t h e l l o.　　　　　　Das ist doch nicht gut, gewiß! –
J a g o. Sagt' ich noch gar, ich sah ihn Euch beschimpfen,
　　　Oder hört' ihn sagen – wie's denn Schurken gibt,
　　　Die, wenn sie durch ihr ungestümes Werben
　　　Oder durch frei Vergaffen eines Weibes
　　　Sie zwangen oder kirrten, nimmer ruhn,
　　　Bis sie geschwatzt –
O t h e l l o.　　　　　　Hat er so was gesagt?
J a g o. Das hat er, gnäd'ger Herr! Doch seid versichert,
　　　Nicht mehr, als er abschwören wird.
O t h e l l o.　　　　　　　　　Was sagt' er?
J a g o. Daß er bei ihr – ich weiß nicht, wie er sagte –
O t h e l l o. Was? Was? –
J a g o. Gelegen –
O t h e l l o. Bei ihr?
J a g o. Bei ihr, auf ihr, wie Ihr wollt.
O t h e l l o. Bei ihr gelegen! auf ihr![58] Das Tuch – diese Ge-
　　　ständnisse – das Tuch – Eingestehn, und dann für die
　　　Mühe gehängt werden; zuerst gehängt, dann eingestehn.
　　　– Ich zittre davor! – Natur würde sich nicht in so ver-
　　　finsternde Qualen verhüllen, wäre es nicht Vorbedeutung.

---

58. Es fehlt das schwer übersetzbare Wortspiel:
*We say lie on her when they belie her. Lie with her! / Zound's that's
fulsome!* (Man sagt, auf ihr lügen [liegen], wenn man sie belügt. Aber
bei ihr liegen! Verdammt, das ist ekelhaft!).

Nicht Wahnbilder, die mich so erschüttern! – Hu! Nasen,
Ohren und Lippen: ist es möglich? Eingestehn – Tuch – –
o Teufel! – *(Er fällt in Ohnmacht.)*

J a g o. Sei wirksam, Gift,
    Sei wirksam! also fängt man gläub'ge Narren;
    Manch wackre, keusche Frau kommt grade so
    Ganz schuldlos ins Geschrei. – Auf, gnäd'ger Herr! –
    Othello! – Gnäd'ger Herr! – Was wollt Ihr, Cassio? –
        (Cassio tritt auf.)

C a s s i o. Was gibt's?

J a g o. Der Feldherr stürzte jetzt in Krämpfen hin;
    Dies ist seit gestern schon sein zweiter Anfall.

C a s s i o. So reib ihn um die Schläfe!

J a g o.   Nein, laß ab:
    Laß ihn in seiner Starrsucht ungestört;
    Sonst schäumt er vor dem Mund und rast alsbald
    In wilder Tobsucht. Sieh, er rührt sich wieder;
    Entferne dich auf einen Augenblick,
    Er wird sich schnell erholen; wenn er fort ist,
    Hätt' ich mit dir ein wichtig Wort zu reden. –
    (Cassio ab.)
    Wie ist Euch? Habt Ihr nicht den Kopf verletzt?

O t h e l l o. Sprichst du mir Hohn? –

J a g o.   Euch höhnen? Nein, bei Gott! –
    Ich wollt', Ihr trügt Euer Schicksal wie ein Mann.

O t h e l l o. Gehörnter Mann ist nur ein Vieh, ein Untier.

J a g o. So gibt es manches Vieh in großen Städten
    Und manch vornehmes Untier.

O t h e l l o. Gestand er's ein?

J a g o.   Mein Feldherr! seid ein Mann;
    Denkt, jeder bärt'ge Mensch, ins Joch gespannt,
    Zieht neben Euch. Millionen leben rings,
    Die nächtlich ruhn auf preisgegebnem Lager,
    Das sie ihr eigen wähnen: Ihr steht besser.
    O das ist Satansfest, Erzspaß der Hölle,
    Ein üppig Weib im sichern Eh'bett küssen
    Und keusch sie glauben! Nein, Gewißheit will ich:
    Und hab ich die, weiß ich, sie ist verloren.[59]

59. *what shall be* (was sein wird).

O t h e l l o. Du sprichst verständig! Ja, gewiß! –
J a g o. Geht auf die Seite, Herr;
    Begebt Euch in die Schranken der Geduld.
    Indes Ihr ganz von Eurem Gram vernichtet
    (Ein Ausbruch, wenig ziemend solchem Mann),
    Kam Cassio her; ich wußt' ihn wegzuschaffen
    Und Euren Anfall triftig zu entschuld'gen;
    Dann lud ich ihn zurück auf ein Gespräch;
    Was er verhieß. Nun bergt Euch irgendwo
    Und merkt den Hohn, den Spott, die Schadenfreude
    In jeder Miene seines Angesichts;
    Denn beichten soll er mir aufs neu den Hergang,
    Wo, wann, wie oft, wie lange schon und wie
    Er Euer Weib geherzt und herzen wird;
    Merkt, sag ich, sein Gebärdenspiel. O still doch! –
    Sonst denk ich, Ihr seid ganz und gar nur Wut
    Und nichts von einem Manne.
O t h e l l o.   Hörst du's, Jago?
    Ich will höchst schlau jetzt den Geduld'gen spielen,
    Doch, hörst du's? dann den Blut'gen.
J a g o.   So ist's recht –
    Jedes zu seiner Zeit. – Nun tretet seitwärts.
    (Othello tritt beiseite.)
    Jetzt will ich Cassio nach Bianca fragen,
    Ein gutes Ding, das, ihre Gunst verkaufend,
    Sich Brot und Kleider anschafft: dies Geschöpf
    Läuft Cassio nach; und 's ist der Dirnen Fluch,
    Nachdem sie zehn getäuscht, täuscht einer sie:
    Er, wenn er von ihr hört, erwehrt sich kaum
    Laut aufzulachen. Sieh, da kommt er her: –
    (Cassio tritt auf.)
    Und wie er lächelt, soll Othello wüten;
    Und seine ungelehr'ge Eifersucht
    Wird Cassios Lächeln, Scherz und leichtes Wesen
    Ganz mißverstehn. – Nun, Leutenant, wie geht's?
C a s s i o. So schlimmer, weil du mir den Titel gibst,
    Dessen Verlust mich tötet.
J a g o. Halt Desdemona fest, so kann's nicht fehlen.
    (Beiseite.) Ja, läge dies Gesuch in Biancas Macht,
    Wie schnell wärst du am Ziel!

C a s s i o.   Das arme Ding! –
O t h e l l o *(beiseite).* Seht nur, wie er schon lacht! –
J a g o. Nie hab ich so verliebt ein Weib gesehn.
C a s s i o. Das gute Närrchen! Ja, sie liebt mich wirklich.
O t h e l l o *(beiseite).*
      Jetzt leugnet er's nur schwach und lacht's hinweg! –
J a g o. Hör einmal, Cassio –
O t h e l l o *(beiseite).*   Jetzt bestürmt er ihn,
      Es zu gestehn; nur fort; – recht gut, recht gut! –
J a g o. Sie rühmt sich schon, du nimmst sie bald zur Frau;
      Ist das dein Ernst?
C a s s i o.   Ha, ha, ha, ha!
O t h e l l o *(beiseite).*
      Triumphierst du, Römer? triumphierst du?
C a s s i o. Ich sie zur Frau nehmen? – Was! Eine Buhl-
   schwester? Ich bitt dich, habe doch etwas Mitleid mit
   meinem Witz; halt ihn doch nicht für so ganz ungesund.
   Ha, ha, ha!
O t h e l l o *(beiseite).* So, so, so; wer gewinnt, der lacht.
J a g o. Wahrhaftig, die Rede geht, du würd'st sie heiraten.
C a s s i o. Nein, sag mir die Wahrheit.
J a g o. Ich will ein Schelm sein! –
O t h e l l o *(beiseite).* Ich trage also dein Brandmal? – Gut! –
C a s s i o. Das hat der Affe selbst unter die Leute gebracht.
   Aus Eitelkeit hat sie sich's in den Kopf gesetzt, ich werde
   sie heiraten; nicht weil ich's versprochen habe.
O t h e l l o *(beiseite).* Jago winkt mir, nun fängt er die
   Geschichte an.
C a s s i o. Eben war sie hier; sie verfolgt mich überall. Neu-
   lich stand ich am Strande und sprach mit einigen Vene-
   zianern, da kommt wahrhaftig der Grasaffe hin und so
   wahr ich lebe, fällt mir so um den Hals.
O t h e l l o *(beiseite).* Und ruft: o lieber Cassio! oder etwas
   Ähnliches; denn das deutet seine Gebärde.
C a s s i o. Und hängt und küßt und weint an mir und zerrt
   und zupft mich. Ha, ha, ha! –
O t h e l l o *(beiseite).* Jetzt erzählt er, wie sie ihn in meine
   Kammer zog: Oh, ich sehe deine Nase, aber noch nicht den
   Hund, dem ich sie vorwerfen will.
C a s s i o. In der Tat, ich muß sie aufgeben.

J a g o. Mein Seel! – Sieh, da kommt sie.
(*Bianca tritt auf.*)
C a s s i o. Das ist eine rechte Bisamkatze![60] Was willst du
nur, daß du mir so nachläufst?
B i a n c a. Mag der Teufel und seine Großmutter dir nach-
laufen! – Was hast du mit dem Taschentuch vor, das du
mir jetzt eben gabst? Ich war eine rechte Närrin, daß ich's
nahm. Ich soll die ganze Arbeit abzeichnen? Recht wahr-
scheinlich, daß du's in deinem Zimmer sollst gefunden
haben und nicht wissen, wer's dalieβ. 's ist das Geschenk
irgendeines Schätzchens, und ich soll die Arbeit abzeich-
nen? Da, gib's deinem Steckenpferde: woher du's auch hast,
ich werde die Stickerei nicht abzeichnen.
C a s s i o. Still doch, meine süße Bianca! still doch, still! –
O t h e l l o (*beiseite*). Beim Himmel, ist das nicht mein
Taschentuch?
B i a n c a. Willst du heut abend zum Essen kommen, so tu's,
willst du nicht, so komm ein andermal, wenn du Lust hast.
(*Ab.*)
J a g o. Geh ihr nach, geh ihr nach!
C a s s i o. Das muß ich wohl, sonst zankt sie noch in der
Straße.
J a g o. Willst du zu Abend bei ihr essen?
C a s s i o. Ich denke ja!
J a g o. Vielleicht treff ich dich dort, denn ich hätte in der
Tat notwendig mit dir zu reden.
C a s s i o. Bitt dich, komm! Willst du? –
J a g o. Gut, nichts mehr. (*Cassio ab.*)
O t h e l l o. Wie mord ich ihn? Jago!
J a g o. Bemerktet Ihr's, wie er zu seiner Schandtat lachte?
O t h e l l o. Oh, Jago!
J a g o. Und saht Ihr das Tuch? –
O t h e l l o. War's meines?
J a g o. Eures, bei dieser Hand: und seht nur, wie er das
törichte Weib, Eure Gattin, achtet! Sie schenkte es ihm
und er schenkt es seiner Dirne. –
O t h e l l o. Oh! daß ich neun Jahre an ihm morden könnte. –
Ein hübsches Weib, ein schönes Weib, ein süßes Weib! –

---

60. *fitchew* (Iltis = Hure). Es folgt: *Marry, a perfumed one!* (Freilich
eine parfümierte!).

Jago. Das müßt Ihr jetzt vergessen.

Othello. Mag sie verfaulen und verderben und zur Hölle fahren zu Nacht; denn sie soll nicht leben. Nein, mein Herz ist zu Stein geworden; ich schlage daran, und die Hand schmerzt mich. O die Welt besitzt kein süßeres Geschöpf; sie hätte an eines Kaisers Seite ruhen und ihm Sklavendienste gebieten können.

Jago. Nein, daran müßt Ihr nicht denken.

Othello. Sei sie verdammt! Ich sage nur, was sie ist: – So geschickt mit ihrer Nadel! – Eine wunderwürdige Tonkünstlerin! – Oh! sie würde die Wildheit eines Bären zahm singen! – Von so feinem, herrlichem Witz, so geistreich! –

Jago. Und deshalb so schlimmer.

Othello. O tausend-, tausendmal! – Und dann von so holder Gefälligkeit! –

Jago. Freilich zu gefällig! –

Othello. Ja, ganz gewiß: aber, wie schade dennoch, Jago! – Oh, Jago! wie schade, Jago! –

Jago. Wenn Ihr verliebt in ihre Sünden seid, so gebt ihr einen Freibrief zu freveln; denn wenn's Euch nicht rührt, geht es keinen etwas an.

Othello. Ich will sie in Stücke hacken. Mir Hörner aufsetzen! –

Jago. Oh, es ist schändlich von ihr.

Othello. Mit meinem Leutnant! –

Jago. Das ist noch schändlicher.

Othello. Schaff mir Gift, Jago, diese Nacht: – Ich will sie nicht zur Rede stellen, damit ihre Gestalt und Schönheit meinen Zorn nicht wieder entwaffnen: – – Diese Nacht, Jago.

Jago. Tut es nicht mit Gift; erdrosselt sie in ihrem Bett, demselben Bett, das sie entehrt hat.

Othello. Gut! die Gerechtigkeit darin gefällt mir; sehr gut.

Jago. Und Cassio – diesen übernehm ich selbst,
   Um Mitternacht erfahrt Ihr mehr.
              (Man hört eine Trompete.)

Othello.
   Vortrefflich! – Horch, was meldet die Trompete?

J a g o. Nachricht wohl von Venedig; 's ist Lodovico,
     Gesandt vom Herzog, mit ihm kommt Eu'r Weib.
     (Lodovico, Desdemona und Gefolge treten auf.)
L o d o v i c o. Heil, würd'ger General!
O t h e l l o.   Willkommen, Herr!
L o d o v i c o. Euch grüßt Venedigs Herzog und Senat.
     (Er übergibt ihm einen Brief.)
O t h e l l o. Ich küsse seines Willens Dokument.
D e s d e m o n a. Was bringt Ihr Neues, Vetter Lodovico?
J a g o. Es freut mich höchlich, Euch zu sehn, Signor!
     Willkommen hier in Zypern.
L o d o v i c o.
     Ich dank Euch. Was macht Leutnant Cassio, Herr?
J a g o. Er lebt, Signor.
D e s d e m o n a.
     Mein Vetter, er ist schlimm mit meinem Gatten
     Zerfallen; doch Ihr werdet sie versöhnen.
O t h e l l o. Seid Ihr des so gewiß?
D e s d e m o n a.   Wie, Herr?
O t h e l l o *(liest)*.
     Dies zu vollbringen säumt nicht, wenn Ihr wollt – –
L o d o v i c o. Er rief dich nicht; der Brief beschäft'get ihn.
     Ist eine Feindschaft zwischen deinem Herrn und Cassio?
D e s d e m o n a. Ja! recht betrübte. Ich gäbe viel darum,
     Sie auszusöhnen, denn ich liebe Cassio.
O t h e l l o. Feuer und Schwefel!
D e s d e m o n a.   Herr!
O t h e l l o.   Bist du bei Sinnen?
D e s d e m o n a.
     Wie? zürnst du?
L o d o v i c o.   's ist der Brief, der ihn bewegt;
     Denn, wie ich glaube, ruft man ihn zurück,
     Und Cassio wird statt seiner Gouverneur.
D e s d e m o n a.
     Fürwahr! Das freut mich.
O t h e l l o.   In der Tat?
D e s d e m o n a.   Wie, Herr?
O t h e l l o. Mich freut's, dich toll zu sehn.
D e s d e m o n a.   O mein Othello! –
O t h e l l o. Teufel! *(Schlägt sie.)*

D e s d e m o n a.   Das hab ich nicht verdient.
L o d o v i c o.   Herr General,
    Das würde keiner in Venedig glauben,
    Und schwür' ich auch, ich sah's. Das geht zu weit.
    Bittet ihr's ab, sie weint.
O t h e l l o.   Oh, Teufel! könnte
    Die Erde sich von Weibertränen schwängern,
    Aus jedem Tropfen wüchs' ein Krokodil; –
    Mir aus den Augen!
D e s d e m o n a.   Ich geh, Euch nicht zu ärgern.
            (Will abgehen.)
L o d o v i c o. In Wahrheit, ein gehorsam Weib! –
    Ich bitt Euch, gnäd'ger Herr! ruft sie zurück.
O t h e l l o. Frau – –
D e s d e m o n a.   Mein Gemahl?
O t h e l l o.   Was wollt Ihr mit ihr, Herr?
L o d o v i c o. Wer? ich, Herr?
O t h e l l o. Ihr wünschtet ja, daß sie umkehren möchte:
    Umkehren kann sie, und doch vorwärts gehn,
    Und wieder drehn: und weinen kann sie, weinen –
    Und ist gehorsam, wie Ihr sagt – gehorsam,
    Ja, sehr gehorsam. Immerfort geweint! –
    Was dies betrifft – o recht geschickt im Heucheln! –
    Ich bin zurückberufen. – Geh du fort:
    Ich schicke gleich nach dir. – Herr, dem Befehl gehorch ich
    Und kehre nach Venedig; – fort! – hinaus. –
    (Desdemona geht ab.)
    Cassio bekommt mein Amt. Und Herr, heut abend
    Ersuch ich Euch, mit mir zu Nacht zu speisen.
    Willkommen hier in Zypern. – Ziegen und Affen! – *(Ab)*.
L o d o v i c o. Ist dies der edle Mohr, den der Senat
    Sein eins und alles nennt? Der edle Geist,
    Den Leidenschaft nicht regt? Des feste Tugend
    Kein Pfeil des Zufalls, kein Geschoß des Glücks
    Streift und durchbohrt? –
J a g o.   Er hat sich sehr geändert.
L o d o v i c o. Ist er nicht wohl? Hat sein Verstand gelitten?
J a g o. Er ist so, wie er ist; ich darf nicht schelten.
    Gott geb', er wäre, was er könnte sein;
    Jetzt ist er's nicht.

L o d o v i c o.   Was? seine Frau zu schlagen!
J a g o. Gewiß, das war nicht fein; doch wünscht' ich, wär'
 Der Schlag sein ärgstes Tun.
L o d o v i c o.   Ist er oft so?
 Sagt, oder hat der Brief sein Blut erhitzt,
 Daß er sich heut nur so verging?
J a g o.   Ach leider!
 Nicht wär's gewissenhaft von mir, erzählt' ich,
 Was ich erfuhr und sah. Habt acht auf ihn;
 Sein eigner Wandel wird ihn so bezeichnen,
 Daß Ihr mein Wort entbehren könnt. Bemerkt ihn
 Nur mehr, wenn Ihr mit ihm zusammen seid.
L o d o v i c o.
 Es schmerzt mich, daß ich mich in ihm getäuscht.
      (*Sie gehen ab.*)

ZWEITE SZENE

Ein andres Zimmer auf dem Schlosse.

(*Othello und Emilia treten auf.*)

O t h e l l o. So habt Ihr nichts gesehn?
E m i l i a. Auch nie gehört noch Argwohn je geschöpft.
O t h e l l o. Ja, du sahst Cassio und sie beisammen.
E m i l i a.
 Doch sah ich dann kein Unrecht, und dann hört' ich
 Jedwede Silbe, die gewechselt ward.
O t h e l l o. Was? flüsterten sie nie?
E m i l i a.   Nein, gnäd'ger Herr!
O t h e l l o. Und schickten nie dich fort?
E m i l i a.   Niemals.
O t h e l l o. Um Fächer, Maske, Handschuh ihr zu holen?
E m i l i a. Nein, gnäd'ger Herr!
O t h e l l o.   's ist seltsam.
E m i l i a. Ich wollt' auf ihre Tugend meine Seele
 Zum Pfande setzen: wenn Ihr anders denkt,
 Gebt nicht dem Argwohn Raum, der Euch betört.
 Wenn dies ein Schelm Euch in den Kopf gesetzt,
 Dem lohn's der Himmel mit dem Fluch der Schlange! –
 Denn ist nicht diese redlich, keusch und treu,

    Ist kein Mann glücklich, ist die reinste Frau
    Schwarz wie Verleumdung.
O t h e l l o.   Laß sie kommen; geh! –
    (Emilia geht.)
    Sie sagt genug; doch jede Kupplerin
    Erzählt dasselbe. Schlau ist diese Metze,
    Ein heimlich Schloß und Riegel schnöder Sünden:
    Doch kniet und betet sie; ich sah es selbst! –
        (Emilia und Desdemona treten auf.)
D e s d e m o n a.
    Was wollt Ihr, mein Gemahl? –
O t h e l l o.   Komm, Täubchen, komm!
D e s d e m o n a. Was ist Eu'r Wunsch?
O t h e l l o.   Laß dir ins Auge sehn;
    Schau ins Gesicht mir!
D e s d e m o n a.   Welch fürchterlicher Einfall!
O t h e l l o *(zu Emilia)*. Nun deine Künste, Weibsbild;
    Laß Buhlschaft nun allein und schließ die Tür;
    Hust oder rufe hem! wenn jemand kommt:
    Dein Handwerk, an dein Handwerk! Mach dich fort! –
        (Emilia geht ab.)
D e s d e m o n a. Ich flehe kniend, sag mir, was du meinst?
    Dein Wort versteh ich nicht! doch aus dem Wort
    Tönt wilde Furie.
O t h e l l o.   Ha, was bist du?
D e s d e m o n a. Dein Weib, mein Gatte,
    Dein pflichtgetreues Weib.
O t h e l l o. Komm, schwör's, verdamm dich selbst, daß nicht
                      die Teufel,
    Geschreckt von deiner Engelbildung, zittern,
    Dich zu ergreifen: drum verdamm dich doppelt,
    Schwör, du seist treu.
D e s d e m o n a.   Der Himmel weiß, ich bin's.
O t h e l l o. Der Himmel weiß, falsch bist du wie die Hölle.
D e s d e m o n a.
    Wem, mein Gemahl? mit wem? wie bin ich falsch? –
O t h e l l o. O Desdemona! Hinweg, hinweg, hinweg! –
D e s d e m o n a.
    O Tag des Jammers! – Wehe! warum weinst du?
    Bin ich, mein Gatte, Ursach' dieser Tränen?

Hast du vielleicht den Vater in Verdacht,
Er sei das Werkzeug deiner Heimberufung,
Gib mir die Schuld nicht. Hast du ihn verloren,
Nun, ich verlor ihn auch.

O t h e l l o.   Gefiel' es Gott,
Durch Trübsal mich zu prüfen, göss' er Schmach
Und jede Kränkung auf mein nacktes Haupt,
Versenkt' in Armut mich bis an die Lippen,
Schlüg samt der letzten Hoffnung mich in Fesseln,
Doch fänd' ich wohl in einem Herzenswinkel
Ein Tröpfchen von Geduld. Doch mich zu machen
Zum festen Bilde für die Zeit des Hohns,
Mit langsam drehndem Finger drauf zu weisen –
Oh! oh! –
Und dies auch könnt' ich tragen, sehr, sehr wohl:
Doch da, wo ich mein Herz als Schatz verwahrt –
Wo ich muß leben oder gar nicht leben;
Der Quell, aus dem mein Leben strömen muß,
Sonst ganz versiegen – da vertrieben sein,
Oder ihn schaun als Sumpf für ekler Kröten
Begehn und Brüten – da verfinstre dich,
Geduld, du junger, rosenwangiger Cherub!
Ja, schau so grimmig als die Hölle!

D e s d e m o n a.
Ich hoffe, mein Gemahl hält mich für treu.

O t h e l l o. O ja, wie Sommerfliegen auf der Fleischbank,
Die im Entstehn schon buhlen. O du Unkraut,
So reizend lieblich und von Duft so süß,
Daß du den Sinn betäubst – o wärst du nie geboren! –

D e s d e m o n a.
Welch unbewußten Fehl konnt' ich begehen?

O t h e l l o. Dies reine Blatt, dies schöne Buch nur dazu,
Um Metze draufzuschreiben? Was begehn!
Begehn? O du ganz freche Buhlerin! –
Schmelzöfen müßt' ich machen aus den Wangen,
Und meine[61] Sittsamkeit zu Asche brennen,
Nennt' ich nur deine Taten. Was begehn?
Dem Himmel ekelt's, und der Mond verbirgt sich:

---

61. Ohne Possessivpronomen.

Der Buhler Wind, der küßt, was ihm begegnet,
Versteckt sich in den Höhlungen der Erde
Und will nichts davon hören: was begehn?
Schamlose Metze! –

D e s d e m o n a.   Bei Gott, Ihr tut mir Unrecht!

O t h e l l o. Du keine Metze?

D e s d e m o n a.   Nein, so wahr ich Christin:
Wenn meinem Herrn bewahren dies Gefäß
Vor jeder schnöden, sträflichen Berührung
Heißt keine Metze sein, so bin ich keine.

O t h e l l o. Du keine Hure?

D e s d e m o n a.   Nein, so helfe Gott mir!

O t h e l l o. Ist's möglich?

D e s d e m o n a.   O Himmel, sei mir gnädig!

O t h e l l o.   Dann verzeiht mir!
Ich nahm Euch für die Dirne von Venedig,
Die den Othello freite. –
(Emilia kommt zurück.)   Und du Weib,
Die, von Sankt Peter just das Gegenteil,
Der Hölle Pforten sperrt: du, du, ja du! –
Wir sind zu Ende: nimm! Da ist dein Geld!
Nun schließ die Tür und halte reinen Mund![62] *(Ab.)*

E m i l i a. O Gott! was hat doch unser Herr im Sinn?
Wie geht's Euch, teure Frau? Wie geht's Euch, Gnäd'ge?

D e s d e m o n a. Mir ist, als träum' ich.

E m i l i a. Sagt, werte Frau! Was fehlt dem gnäd'gen Herrn?

D e s d e m o n a. Wem?

E m i l i a.   Meinem gnäd'gen Herrn.

D e s d e m o n a.   Wer ist dein Herr?

E m i l i a. Der auch der Eure, liebste, gnäd'ge Frau.

D e s d e m o n a. Ich habe keinen. Sag mir nichts, Emilia!
Ich kann nicht weinen, hab auch keine Antwort,
Die nicht zu Wasser würde. Bitt dich, diese Nacht
Leg auf mein Bett mein Brauttuch – denke dran
Und ruf mir deinen Mann.

E m i l i a.   Wie hat sich's hier geändert! – *(Ab.)*

D e s d e m o n a.
's ist billig, daß mir so begegnet wird! sehr billig!

---

62. Die letzten zwei Verse sind im Original Prosa.

Wie war ich nur, daß auch sein kleinster Argwohn
Mein mindestes Versehn mißdeuten konnte?
(Jago und Emilia treten auf.)
J a g o. Was wünscht Ihr, gnäd'ge Frau, wie geht es Euch?
D e s d e m o n a. Ich weiß es nicht. Wer Kinder unterrichtet,
    Gibt ihnen freundlich leichte Arbeit auf;
    So konnt' er mich ja schmälen, denn fürwahr,
    Ich bin ein Kind fürs Schmälen.
J a g o. Was ist denn, gnäd'ge Frau?
E m i l i a. Ach Jago! Metze schimpfte sie der Herr.
    Wie schändlich und verachtend er sie nannte,
    Das trägt kein treues Herz.
D e s d e m o n a.
    Jago, bin ich das Wort?
J a g o.   Welch Wort, Verehrte?
D e s d e m o n a.
    Das, wie sie sagt, mein Herr mir hat gegeben?
E m i l i a. Er schalt sie Metze; nein, kein Bettler könnte
    Im Rausch solch Wort von seiner Dirne brauchen.
J a g o. Warum denn das? –
D e s d e m o n a. Ich weiß es nicht; gewiß, ich bin es nicht.
J a g o. O weint nicht, weint nur nicht; du liebe Zeit!
E m i l i a. Wies sie so manchen edlen Antrag ab,
    Verließ den Vater, Freunde, Vaterland,
    Daß man sie Metze schimpfe? Ist's nicht zum Weinen?
D e s d e m o n a.
    Das ist mein traurig Schicksal.
J a g o.   Nun, Gott beßr' ihn!
    Wie kommt ihm solcher Einfall?
D e s d e m o n a.   Weiß der Himmel!
E m i l i a. Nein, hängt mich, wenn ein Erzverleumder nicht,
    Irgendein schmeichelnder, geschäft'ger Schuft,
    Ein glatter Schurk', um sich ein Amt zu fischen,
    Die Lügen ausgedacht; ja, darauf sterb ich.
J a g o. Pfui, solchen Menschen gibt's nicht; 's ist unmöglich.
D e s d e m o n a. Und gibt es einen, so vergeb' ihm Gott!
E m i l i a. Ein Strick vergeb' ihm! Nag' an ihm die Hölle!
    Sie Metze schimpfen! – Wer besucht sie je? –
    Wo? Wann? Und wie? – Wo ist auch nur ein Schein?
    Ein recht ausbünd'ger Schurk' belog den Mohren,

Ein niederträcht'ger Schurk', ein schäb'ger Bube.
O Himmel! Möchtst du solch Gezücht entlarven
Und jeder wackren Hand 'ne Geißel geben,
Den Schurken nackt durch alle Welt zu peitschen,
Vom Ost zum fernen West!

J a g o.   Schrei doch nicht so! –

E m i l i a. Pfui über ihn! – Solch ein Geselle war's,
Der ehmals dir auch den Verstand verwirrte,
Mich mit dem Mohren in Verdacht zu haben! –

J a g o. Du bist nicht klug, sei still!

D e s d e m o n a.   O guter Jago!
Was soll ich tun, ihn wiederzugewinnen? –
Geh zu ihm, Freund, denn, bei der Sonne Licht,
Ich weiß nicht, wie ich ihn verlor. – Hier knie ich: –
Wenn je mein Herz sich seiner Lieb' empört
In Worten, in Gedanken oder Tat;
Wenn je mein Aug', mein Ohr und sonst ein Sinn
An andrer Wohlgestalt Gefallen fand;
Wenn ich nicht jetzt ihn lieb, ihn stets geliebt,
Ihn immerdar – auch wenn er mich verstieße
Als Bettlerin – von Herzen lieben werde –
Dann, Trost, verlaß mich! – Kaltsinn bringt es weit;
Und rauben kann sein Kaltsinn mir das Leben,
Doch nie die Liebe mindern. Ich kann nicht sagen: Metze,
Mir schaudert schon, da ich das Wort gesprochen;
Doch tun, was die Beschimpfung nach sich zieht –
Nicht um die ganze Eitelkeit der Welt!

J a g o. Ich bitte, faßt Euch, 's ist nur seine Laune.
Die Staatsgeschäfte machten ihm Verdruß;
Da zankt er nun mit Euch.

D e s d e m o n a.   Wär' es nur das –

J a g o. Glaubt mir, es ist nichts anders.
     (Man hört Trompeten.)
Horcht, die Trompete ruft zur Abendtafel!
Und die Gesandtschaft von Venedig wartet;
Geht hin, und weint nicht, alles wird noch gut.
     (Desdemona und Emilia ab. – Rodrigo tritt auf.)
Was gibt's, Rodrigo? –

R o d r i g o. Ich finde nicht, daß du es redlich mit mir meinst.

J a g o. Und warum das Gegenteil?

R o d r i g o. Jeden Tag fertigst du mich mit einer Ausrede
ab, Jago, und hältst mich vielmehr (wie mir's vorkommt)
von aller guten Gelegenheit fern, als daß du meiner Hoffnung den geringsten Vorteil verschaffst. Ich ertrage das
wahrhaftig nicht länger, und du sollst mich nicht dazu
bringen, ruhig einzustecken, was ich bisher, wie ein Tor,
mir habe gefallen lassen.

J a g o. Wollt Ihr mich anhören, Rodrigo?

R o d r i g o. Auf Ehre, ich habe schon zuviel gehört, denn
Euer Versprechen und Tun halten nicht gleichen Schritt
miteinander.

J a g o. Ihr beschuldigt mich höchst ungerecht! —

R o d r i g o. 's ist lauter Wahrheit. Ich habe mein ganzes
Vermögen zugesetzt. Die Juwelen, die Ihr von mir emp-
fingt, um sie Desdemona einzuhändigen — die Hälfte
hätte eine Nonne verführt. Ihr sagtet mir, sie habe sie
angenommen, und gabt mir Hoffnung und Aussicht auf
baldige Gunst und Erwiderung, aber dabei bleibt's.

J a g o. Gut, nur weiter, recht gut!

R o d r i g o. Recht gut, weiter! Ich kann nicht weiter,
Freund! und hier ist nichts recht gut. Bei dieser Hand,
ich sage, es ist spitzbübisch; und ich fange an zu merken,
daß man mich foppt.

J a g o. Recht gut!

R o d r i g o. Ich sage dir, es ist nicht recht gut. Ich will mich
Desdemona selbst entdecken; gibt sie mir meine Juwelen
wieder zurück, so laß ich ab von meiner Bewerbung und
bereue mein unerlaubtes Zumuten; wo nicht, seid gewiß,
daß ich Genugtuung von Euch fordern werde.

J a g o. Habt Ihr jetzt gesprochen?

R o d r i g o. Ja, und habe nichts gesprochen, als was ich
ernstlich zu tun gesonnen bin.

J a g o. Schön! Nun sehe ich doch, daß du Haare auf den
Zähnen hast[63], und seit diesem Moment fasse ich eine
beßre Meinung von dir als je zuvor. Gib mir deine Hand,
Rodrigo, du hast sehr gegründete Einwendungen gegen
mich vorgebracht, und dennoch, schwöre ich dir, bin ich
in deiner Sache sehr grade zu Werke gegangen.

---

63. *there's mettle in thee* (du hast deine Qualitäten).

R o d r i g o. Das hat sich wenig gezeigt.

J a g o. Ich gebe zu, daß sich's nicht gezeigt hat, und dein
Argwohn ist nicht ohne Verstand und Scharfsinn. Aber,
Rodrigo, wenn das wirklich in dir steckt, was ich dir jetzt
mehr zutraue als je – ich meine Willenskraft, Mut und
Herz –, so zeig es diese Nacht. Wenn du in der nächsten
Nacht nicht zu Desdemonas Besitz gelangst, so schaff
mich hinterlistig aus der Welt und stelle meinem Leben
Fallstricke.

R o d r i g o. Gut, was ist's? Liegt's im Gebiet der Vernunft
und der Möglichkeit? –

J a g o. Freund, es ist ein ausdrücklicher Befehl von Venedig
da, daß Cassio in Othellos Stelle treten soll.

R o d r i g o. Ist das wahr? Nun, so gehen Othello und
Desdemona nach Venedig zurück.

J a g o. O nein, er geht ins Mohrenland und nimmt die
schöne Desdemona mit sich, wenn nicht sein Aufenthalt
hier durch einen Zufall verlängert wird, und darin kann
nichts so entscheidend sein, als wenn Cassio beiseite ge-
schafft wird.

R o d r i g o. Wie meinst du das – ihn beiseite schaffen?

J a g o. Nun, ihn für Othellos Amt untauglich machen, ihm
das Gehirn ausschlagen.

R o d r i g o. Und das, meinst du, soll ich tun? –

J a g o. Ja, wenn du das Herz hast, dir Vorteil und Recht
zu verschaffen. Er ist heute zum Abendessen bei einer
Dirne, und dort will ich ihn treffen; noch weiß er nichts
von seiner ehrenvollen Beförderung. Wenn du nun auf
sein Weggehn lauern willst (und ich werde es einrichten,
daß dies zwischen zwölf und eins geschehe), – so kannst
du nach deiner Bequemlichkeit über ihn herfallen; ich will
in der Nähe sein, um deinen Angriff zu unterstützen, und
er soll zwischen uns beiden fallen. Komm, steh nicht so
verwundert, sondern folge mir; ich will dich so von der
Notwendigkeit seines Todes überzeugen, daß du's für
Pflicht halten sollst, ihn aus der Welt zu schaffen. Es ist
hohe Zeit zum Abendessen und die Nacht geht hin. Frisch
daran.

R o d r i g o. Ich muß noch mehr Gründe hören.

J a g o. Das sollst du zur Genüge. *(Sie gehen ab.)*

DRITTE SZENE

Vorsaal im Schlosse.

(Othello, Lodovico, Desdemona, Emilia und Gefolge treten auf.)

L o d o v i c o.
    Ich bitt Euch, Herr, bemüht Euch nun nicht weiter.
O t h e l l o. O nein, erlaubt, das Ausgehn tut mir wohl.
L o d o v i c o.
    Schlaft, Gnäd'ge, wohl! ich sag Euch meinen Dank.
D e s d e m o n a. Ihr wart uns sehr willkommen, Herr!
O t h e l l o. Wollen wir gehn, Signor? – O Desdemona! –
D e s d e m o n a. Mein Gemahl!? –
O t h e l l o. Geh sogleich zu Bett, ich werde augenblicklich
    wieder da sein. Entlaß deine Gesellschafterin, tu, wie ich
    dir sage. *(Ab.)*
D e s d e m o n a. Das werd ich, mein Gemahl.
E m i l i a. Wie geht's nun? Er scheint milder als zuvor.
D e s d e m o n a. Er sagt, er werde hier sein ungesäumt;
    Er gab mir den Befehl, zu Bett zu gehen,
    Und hieß mir, dich entlassen.
E m i l i a.   Mich entlassen? –
D e s d e m o n a. Er will es also; darum, gutes Kind,
    Gib mir mein Nachtgewand und lebe wohl! –
    Wir dürfen jetzt ihn nicht erzürnen.
E m i l i a. Hättet Ihr ihn doch nie gesehn!
D e s d e m o n a.
    Das wollt' ich nicht, mein Herz hängt so an ihm,
    Daß selbst sein Zorn, sein Trotz, sein Eigensinn –
    Komm, steck mich los – mir lieb und reizend dünkt.
E m i l i a. Die Tücher legt' ich auf, wie Ihr's befahlt.
D e s d e m o n a.
    's ist alles eins. – Ach! was wir töricht sind! –
    Sterb ich vor dir, so bitt dich, hülle mich
    In eins von diesen Tüchern.
E m i l i a.   Kommt, Ihr schwatzt!
D e s d e m o n a.
    Meine Mutter hatt' ein Mädchen – Bärbel hieß sie –,
    Die war verliebt, und treulos ward ihr Schatz
    Und lief davon. Sie hatt' ein Lied von Weide,

Ein altes Ding, doch paßt' es für ihr Leid;
Sie starb, indem sie's sang. Das Lied heut nacht
Kommt mir nicht aus dem Sinn; ich hab zu schaffen,
Daß ich nicht auch den Kopf so häng und singe
Wie 's arme Bärbel. Bitt dich, mach geschwind.

E m i l i a. Soll ich Eu'r Nachtkleid holen? –

D e s d e m o n a. Nein, steck mich hier nur los. –
Der Lodovico ist ein feiner Mann.

E m i l i a. Ein recht hübscher Mann.

D e s d e m o n a. Er spricht gut.

E m i l i a. Ich weiß eine Dame in Venedig, die wäre barfuß
nach Palästina gegangen um einen Druck von seiner Unterlippe.

D e s d e m o n a *(singt).*

　　Das Mägdlein saß singend am Feigenbaum früh,
　　Singt Weide, grüne Weide!
　　Die Hand auf dem Busen, das Haupt auf dem Knie,
　　Singt Weide, Weide, Weide!
　　Das Bächlein, es murmelt und stimmet mit ein;
　　Singt Weide, grüne Weide!
　　Heiß rollt ihr die Trän' und erweicht das Gestein;
　Leg dies beiseite –
　　Singt Weide, Weide, Weide!
　Bitt dich, mach schnell, er kommt sogleich –
　　Von Weiden all flecht ich mir nun den Kranz –
　　O scheltet ihn nicht, sein Zorn ist mir recht –
　Nein, das kommt später – horch! wer klopft da? –

E m i l i a. Es ist der Wind.

D e s d e m o n a.
　　Ich nannt' ihn du Falscher! was sagt' er dazu?
　　Singt Weide, grüne Weide!
　　Seh ich nach den Mädeln, nach den Buben siehst du.
　So geh nun fort; gute Nacht! Mein Auge jückt,
　Bedeutet das wohl Tränen?

E m i l i a.　　　　　　　Ei, mitnichten!

D e s d e m o n a.
Ich hört' es so. – Die Männer, o die Männer!
Glaubst du, auf dein Gewissen sprich, Emilia,
Daß wirklich Weiber sind, die ihre Männer
So gröblich täuschen?

E m i l i a.　　　　　　　Solche gibt's, kein Zweifel.

D e s d e m o n a. Tätst du dergleichen um die ganze Welt?

E m i l i a. Nun, tätet Ihr's nicht?

D e s d e m o n a.　　　　　Nein, beim Licht des Himmels! –

E m i l i a. Ich tät' es auch nicht bei des Himmels Licht,
　　Ich könnt' es ja im Dunkeln.

D e s d e m o n a. Tätst du dergleichen um die ganze Welt? –

E m i l i a. Die Welt ist mächtig weit; der Lohn wär' groß,
　　Klein der Verstoß.

D e s d e m o n a.　　　　　Gewiß, du tätst es nicht![64] –

E m i l i a. Gewiß, ich täte es und machte es wieder ungetan,
　　wenn ich's getan hätte. Nun freilich täte ich so etwas nicht
　　für einen Fingerring noch für einige Ellen Batist, noch für
　　Mäntel, Röcke und Hauben oder solchen armsel'gen Kram;
　　aber für die ganze Welt – ei, wer hätte da nicht Lust, dem
　　Manne Hörner aufzusetzen und ihn zum Weltkaiser zu
　　machen? Dafür wagte ich das Fegefeuer! –

D e s d e m o n a.
　　Ich will des Todes sein, tät' ich solch Unrecht
　　Auch um die ganze Welt.

E m i l i a. Ei nun, das Unrecht ist doch nur ein Unrecht in
　　der Welt, und wenn Euch die Welt für Eure Mühe zuteil
　　wird, so ist's ein Unrecht in Eurer eignen Welt. Ihr könnt
　　es geschwind zu Recht machen.

D e s d e m o n a. Ich glaube doch, es gibt kein solches Weib.

E m i l i a. Ei, zehn für eins, und noch so viel in Kauf,
　　Die Welt, um die sie spielten, gleich zu füllen.
　　Allein mich dünkt, es ist der Männer Schuld,
　　Daß Weiber fallen. Wenn sie pflichtvergessen
　　In fremdem Schoß vergeuden unsern Schatz;
　　Wenn sie, verkehrt in laun'scher Eifersucht,
　　Ans Haus uns fesseln; wenn sie gar uns schlagen,
　　Wenn sie in Leichtsinn unser Gut vertun,
　　Dann schwillt auch uns die Galle; wir sind fromm,
　　Doch nicht von Rachsucht frei. Sie sollen's wissen,
　　Wir haben Sinne auch, wir sehn und riechen
　　Und haben einen Gaum' für süß und herbe
　　Wie unsre Männer. Was bezwecken sie,

64. Die letzten zwei Verse sind im Original Prosa

Wenn sie uns andre vorziehn? Ist es Lust?
Ich denke, ja; treibt sie die Leidenschaft?
Ich denke, ja; ist's Schwachheit, die sie tört? –
Gewiß; und haben wir nicht Leidenschaft?
Nicht Hang zur Lust? Und Schwachheit gleich den
                                        Männern?
Drum, wenn der Mann sich treulos von uns kehrte,
War's seine Bosheit, die uns Böses lehrte.

D e s d e m o n a.
Gut Nacht! – Und laß mich, Herr, in fremden Sünden
Nicht eigne Sünde, laß mich Beßrung finden! –
        (Sie gehen ab.)

FÜNFTER AUFZUG

ERSTE SZENE

Straße.

(Jago und Rodrigo treten auf.)

J a g o. Hier steh am Pfeiler, gleich wird Cassio kommen,
        Halt deine Klinge blank und führ sie gut.
        Frisch, sei getrost; ich steh dir nah zur Hand;
        Dies hebt uns oder stürzt uns, daran denke,
        Und bleibe fest und standhaft beim Entschluß.
R o d r i g o. So steh hier nah, es könnte mir mißlingen.
J a g o. Hier neben dir; sei kühn und nimm dein Schwert.
R o d r i g o. Ich bin nicht sehr im Eifer für die Tat,
        Und doch sind's trift'ge Gründe, die er gab.
        Ein Mann – was liegt dran? – Komm, mein Schwert!
                                        Er sterbe!
        (Tritt beiseite.)
J a g o. Ich rieb die junge Beule, bis sie brennt,
        Nun macht er Ernst. Jetzt, ob er Cassio mordet,
        Ob Cassio ihn – ob sie sich beide morden,
        Mir ist das gleich gelegen. Lebt Rodrigo,
        So dringt er auf den völligen Ersatz

Des Gelds und Schmucks, um die ich ihn geprellt
Für Desdemona;
Das darf nicht sein. Wenn Cassio übrigbleibt,
So zeigt sein Leben täglich eine Schönheit,
Die mich verhäßlicht; und der Mohr auch möchte
Mich ihm verraten; das wär' sehr bedenklich.
Nein, nein, er sterbe! – Still, ich hör ihn kommen.
(Cassio tritt auf.)

R o d r i g o.
Es ist sein Gang, er kommt. – So stirb, du Schurk'! –
(Er läuft auf Cassio zu und verwundet ihn.)

C a s s i o. Der Degenstoß war feindlich mir gemeint,
Doch ist mein Rock stichfester als du glaubst;
Nun prüf ich deinen.

R o d r i g o.   Weh! ich bin des Todes.
*(Sie fechten; Cassio verwundet den Rodrigo, Jago sticht dem
        Cassio von hinten ins Bein und geht ab.)*

C a s s i o. Gelähmt auf immer! Hilfe! Mörder! Mörder!
(Othello zeigt sich oben.)

O t h e l l o. 's ist Cassios Stimme; Jago hält sein Wort!

R o d r i g o. O ich Verruchter!

O t h e l l o.   Horch![65] – Jawohl, so ist's.

C a s s i o. O Hilfe! Licht! ein Wundarzt! –

O t h e l l o. Er ist's! O wackrer Jago, brav und treu!
Der du so edel fühlst des Freundes Schmach!
Du lehrst mich: – Püppchen, dein Geliebter fiel,
Und deine Stunde naht. Ich komme, Dirne!
Dein Blick, dein Reiz soll mir im Herzen sterben,
Dein sündig Bett das Blut der Sünde färben! –
(Er geht ab.)
(Lodovico und Gratiano treten in einiger Entfernung auf.)

C a s s i o.
Kein Wächter da? Kommt niemand? Hilfe! Mord!

G r a t i a n o.
Ein Unglück ganz gewiß, der Schrei war furchtbar.

C a s s i o. O Hilfe!

L o d o v i c o.   Horch!

R o d r i g o.   Oh, niederträcht'ger Bube! –

---

65. Nicht im englischen Text.

L o d o v i c o.
    Zwei-, dreimal hört' ich ächzen. Grause Nacht!
    Das kann Verstellung sein; ich halt's nicht sicher,
    Dem Schrei zu folgen, eh' uns Beistand wird.
R o d r i g o. Kommt niemand, so muß ich zu Tode bluten.
    (Jago kommt mit einem Licht.)
L o d o v i c o.
    Ein Mann hier ohne Wams mit Licht und Degen.[66]
J a g o. Wer da? Was für ein Lärm? Wer rief hier Mord?
L o d o v i c o.
    Wir wissen's nicht.
J a g o.   Habt Ihr nicht schrein gehört?
C a s s i o. Hier, hier; um Gottes willen, helft!
J a g o.   Was gibt's?
G r a t i a n o. Das ist Othellos Fähnrich, wie ich glaube.
L o d o v i c o. Ganz recht, er ist's; ein sehr beherzter Mann.
J a g o. Wer seid Ihr da, der so erbärmlich ruft?
C a s s i o. Jago, von Schurken tödlich hier gelähmt –
    Ach, schaff mir Hilfe! –
J a g o. Um Gott! Sagt, Leutnant, welche Buben taten's?
C a s s i o. Der eine, denk ich, liegt hier in der Nähe
    Und kann nicht fort.
J a g o.   O die arglist'gen Schurken!
    (Zu Lodovico und Gratiano.)
    Wer seid Ihr da? Kommt doch heran und helft!
R o d r i g o. Oh, helft mir hier!
C a s s i o. Der war dabei.
J a g o.   O Schurk'! O Meuchelmörder!
    (Jago ersticht den Rodrigo.)
R o d r i g o. Verdammter Jago! Bluthund! Oh! oh! oh!
J a g o. Im Dunkeln morden? Wo sind die blut'gen Diebe?
    Wie still sind diese Straßen! Mord! Mord! Mord!
    Wer seid denn Ihr? Schlimm' oder Gute?
L o d o v i c o. Rühmt uns, wie Ihr uns findet.
J a g o. Signor Lodovico?
L o d o v i c o. Ja, Herr!
J a g o. Verzeihung; hier liegt Cassio, schwer verwundet
    Von Schurken.

---

66. Es fehlt: *Hark!* (Horch!), von Lodovico gesprochen. Lodovicos Vers
gehört Gratiano.

G r a t i a n o.   Cassio?

J a g o.   Sag, wie geht dir's, Bruder?

C a s s i o. Ich bin durchs Bein gestochen.

J a g o.   Gott verhüt' es!
 Bringt Licht, Herrn! Mit dem Hemd will ich's verbinden.
     (Bianca tritt auf.)

B i a n c a. Was ist geschehn? Wer war es, der so schrie?

J a g o. Wer war's, der schrie?

B i a n c a. O liebster Cassio! O mein süßer Cassio!
 O Cassio! Cassio! Cassio!

J a g o. O du ausbünd'ge Metze! Cassio, wißt Ihr,
 Wer jene waren, die Euch so gelähmt?

C a s s i o. Nein.

G r a t i a n o.
 Mich schmerzt, Euch so zu sehn, ich sucht' Euch eben.

J a g o. Leiht mir ein Strumpfband. So. – O eine Sänfte,
 Ihn leise hinzutragen.

B i a n c a. Er fällt in Ohnmacht. Cassio! Cassio! Cassio!

J a g o. Ihr Herrn, mir ahnet's, die Verworfne hier
 Sei mit verstrickt in dieser Greueltat. –
 Geduld ein wenig, lieber Cassio! Kommt,
 Ein Licht her – kenn ich den da oder nicht? –
 Ach Gott! ist das mein Freund und werter Landsmann
 Rodrigo? – Nein; und doch: – o Gott! Rodrigo!

G r a t i a n o. Rodrigo von Venedig?

J a g o. Derselbe; kennt Ihr ihn?

G r a t i a n o.   Ja, allerdings!

J a g o. Signor Gratiano? O Herr, ich bin beschämt;
 Der blut'ge Fall entschuld'ge meine Rauheit,
 Die Euch mißkannt.

G r a t i a n o.   Es freut mich, Euch zu sehn.

J a g o. Cassio, wie geht's? Die Sänfte! He, die Sänfte!

G r a t i a n o. Rodrigo!

J a g o. Ja, ja, er ist's. – O schön, da kommt die Sänfte. –
 Tragt ihn mit Sorgfalt heim, ihr guten Leute;
 Ich hol Othellos Wundarzt.
 (Zu Bianca.)   Ihr da, Jungfer,
 Spart Eure Müh'. – Cassio, der hier gelähmt ward,
 Ist sehr mein Freund; was hattet Ihr für Streit?

C a s s i o. Nichts in der Welt, ich kenn ihn nicht einmal.

J a g o *(zu Bianca).*
   Wie, seht Ihr blaß? – O tragt ihn aus der Luft. –
   (Cassio und Rodrigo werden weggetragen.)
   Bleibt, werte Herrn! Ihr, Jungfer, seht so blaß?
   Bemerkt Ihr, wie verstört ihr Auge starrt? –
   Nun, bebt Ihr[67] gar, erfahren wir wohl mehr: –
   Betrachtet sie, ich bitt Euch, seht sie an;
   Nicht wahr, Ihr Herrn? ihr schlecht Gewissen spricht,
   Wenn auch die Zungen gar nicht reden könnten.
                    (Emilia tritt auf.)
E m i l i a. Was ist geschehn? Ach, Mann, was ist geschehn?
J a g o. Cassio ward hier im Dunkeln angefallen,
   Rodrigo war's und andre, die entflohn;
   Er ist halbtot, und Roderigo starb.
E m i l i a. Ach Gott, der arme Herr! Ach guter Cassio!
J a g o. Das ist der Unzucht Strafe. – Hör, Emilia,
   Frag doch den Cassio, wo er nachts gespeist.
   (Zu Bianca.) Was? Zittert Ihr davor?
B i a n c a. Er aß bei mir. Doch davor zittr' ich nicht.
J a g o. Ha, tat er das? Kommt, sag ich, folgt mir nach!
E m i l i a. Pfui, schlechtes Weib! –
B i a n c a. Ich bin kein schlechtes Weib; ich bin so ehrlich
   Als Ihr, die so mich schimpft.
E m i l i a.   Als ich? O pfui!
J a g o.
   Kommt, Herrn, zu sehn, wie Cassio wird verbunden; –
   Ihr, Jungfer, geht, Euch zeigt man's bald noch anders.[68] –
   Emilie, lauf zur Zitadell' und melde
   Dem Herrn und seiner Frau, was hier geschah. –
   Ich bitte, geht voran.
   (Für sich.)   Dies ist die Nacht,
   Die mich vernichtet oder glücklich macht.
                    (Sie gehen ab.)

67. Folio: *you stare* (starrt Ihr).
68. *you must tell's another tale* (Ihr müßt uns eine andere Geschichte erzählen).

ZWEITE SZENE

Schlafzimmer.

(*Desdemona schlafend, im Bett. Ein Licht brennt neben ihr.*[69]
Othello tritt herein.)

O t h e l l o. Die Sache will's, die Sache will's, mein Herz!
    Laßt sie mich euch nicht nennen, keusche Sterne! –
    Die Sache will's. – Doch nicht ihr Blut vergieß ich;
    Noch ritz' ich diese Haut, so weiß wie Schnee
    Und sanft wie eines Denkmals Alabaster. –
    (*Er legt seinen Degen ab.*)
    Doch sterben muß sie, sonst betrügt sie andre.
    Tu aus das Licht, und dann – Tu aus das Licht; –
    Ja, lösch ich dich, du flammenheller Diener –
    Kann ich dein vorig Licht dir wiedergeben,
    Sollt' ich's bereun; – doch *dein* Licht ausgetan,
    Du reizend Muster herrlichster Natur,
    Nie find ich den Prometheusfunken wieder,
    Dein Licht zu zünden. Pflückt' ich deine Rose,
    Nie kann ich ihr den Lebenswuchs erneun,
    Sie muß, muß welken; dufte mir vom Stamm! –
    (*Küßt sie.*)
    O würz'ger Hauch, der selbst Gerechtigkeit
    Ihr Schwert zu brechen zwingt! – Noch einen! einen!
    Sei wann du tot bist so, dann töt ich dich
    Und liebe dich nachher – noch einen und den letzten!
    So süß war nie so tödlich. Ich muß weinen.
    Doch sind's grausame Tränen; dieser Schmerz
    Ist wie des Himmels, strafend, wo er liebt. –
    Sie wacht. –
D e s d e m o n a.   Wer da? Othello?
O t h e l l o.   Ja, Desdemona.
D e s d e m o n a.
    Wollt Ihr zu Bett gehn, mein Gemahl?
O t h e l l o. Hast du zu Nacht gebetet, Desdemona?
D e s d e m o n a. Ja, mein Gemahl!
O t h e l l o. Kannst du dich einer Sünde noch erinnern,

---

69. Bühnenanweisung der Quarto: Othello tritt ein mit einem Licht,
Desdemona im Bett.

Nicht ausgesöhnt dem Himmel und der Gnade,
So flehe jetzt alsbald.

Desdemona.
Ach, mein Gemahl! Was willst du damit sagen?

Othello. Wohl, tu es und sei kurz; ich geh beiseite;
Nicht möcht' ich deinen Geist in Sünden töten,
Nein, Gott verhüt's! nicht deine Seele töten.

Desdemona.
Sprichst du vom Töten?

Othello. Ja!

Desdemona. Dann, güt'ger Himmel,
Erbarm' dich mein!

Othello. Amen von ganzem Herzen!

Desdemona.
Wenn du so sprichst, dann wirst du mich nicht töten!

Othello. Hum! –

Desdemona.
Und dennoch fürcht ich dich, denn du bist schrecklich,
Wenn so dein Auge rollt.
Warum ich fürchten sollte, weiß ich nicht,
Da ich von Schuld nichts weiß; doch fühl ich, daß ich
fürchte.

Othello. Denk deiner Sünde.

Desdemona. Das ist zu dir die Herzensliebe.

Othello. Und dafür stirbst du.

Desdemona. Grausamer Tod, der nur um Liebe tötet! –
Ach warum nagst du so die Unterlippe?
Dein ganzer Bau erbebt in blut'ger Wut.
Das sind Vorzeichen; doch ich hoff, ich hoffe,
Sie deuten nicht auf mich.

Othello. Schweig und sei still! –

Desdemona. Ich schweige; was begehrst du? –

Othello. Das Tuch, das ich so wert hielt und dir schenkte,
Du gabst es Cassio.

Desdemona. Nein, bei Seel' und Leben!
Ruf ihn herbei und frag ihn.

Othello. Behüte, Kind, behüte dich vor Meineid,
Du liegst auf deinem Sterbebette.

Desdemona. Ja, doch nicht jetzt zu sterben.

Othello. Ja, alsbald.

Darum bekenn aufrichtig deine Sünde;
Denn jeden Punkt mit einem Eid verleugnen
Nicht wälzt es ab noch beugt's der Überzeugung Last,
Die mich zu Boden drückt. Du bist am Sterben!

Desdemona. Dann, Gott, erbarm dich mein!

Othello.   Ich sage Amen!

Desdemona.
Auch du erbarm dich mein! Nie hab ich dich
Jemals beleidigt, Cassio nie geliebt
Als mit der Liebe, die der Himmel selbst
Gestattet; niemals gab ich ihm ein Pfand.

Othello. Bei Gott, ich sah mein Tuch in seinen Händen;
Meineidig Weib! Ha! du versteinst mein Herz
Und machst zum Mord, was ich beginnen will,
Was ich als Opfer meinte.
Ich sah das Tuch.

Desdemona.   So hat er's denn gefunden;
Nie hab ich's ihm gegeben; ruf ihn her,
Daß er bekennt, wie's ist.

Othello.   Er hat bekannt.

Desdemona. Was, teurer Herr?

Othello.   Daß er dein Freund gewesen –

Desdemona. Wie? unerlaubt?

Othello.   Ja!

Desdemona.   Das kann er nicht sagen.

Othello. O nein, sein Mund ist stumm;
Der treue[70] Jago hat dafür gesorgt.

Desdemona.
Oh! meine Furcht erklärt mir's. Wie? Er tot?

Othello. Ob jedes Haar ein Leben war, mein Grimm
Verschlang sie alle.

Desdemona. O Gott! Er ist verraten, ich verloren!

Othello. Ha, Metze! Weinst um ihn vor meinen Augen? –

Desdemona. Verstoße mich! Oh, töte mich nur nicht. –

Othello. Nieder mit dir, Metze!

Desdemona.
Töte mich morgen, laß mich heut noch leben!

Othello. Kein Sträuben!

---

70. *honest* (ehrlich).

Desdemona.   Nur ein Stündchen.
Othello.   Ist's getan,
    Braucht's keines Zögerns.[71]
Desdemona.
    Nur, bis ich noch gebetet!
Othello.   's ist zu spät.[72] *(Er erstickt sie.)*
Emilia *(draußen).*
    Mein gnäd'ger Herr! He! Holla! Gnäd'ger Herr!
Othello.
    Was für ein Lärm? Nicht tot? Noch nicht ganz tot? –
    Ich bin zwar grausam, aber doch barmherzig;
    Nicht möcht' ich dir verlängern deine Qual. –
    (Ersticht sie mit dem Dolch.)[73]
    So, so.
Emilia. He, holla! Gnäd'ger Herr!
Othello.   Wer da?
Emilia. O bester Herr, nur auf ein Wort mit Euch. –
Othello. Ja! 's ist Emilia. Gleich! – Jetzt ist sie tot. –
    Gewiß, sie kommt und meldet Cassios Tod;
    Der Lärm war groß. – Ha! Regst du dich nicht mehr?
    Still, wie das Grab. – Darf sie herein? – Wär's gut? –
    Mir deucht, sie rührt sich. – Nein. – Was ist das beste?
    Kommt sie, wird sie nach meinem Weibe fragen –
    Mein Weib! Mein Weib! – Welch Weib? Ich hab kein
                                                  Weib.
    Oh, unerträglich! Oh, furchtbare Stunde!
    Nun, dächt' ich, müßt' ein groß Verfinstern sein
    An Sonn' und Mond, und die erschreckte Erde
    Sich auftun vor Entsetzen.
Emilia. Ich bitt Euch dringend, gönnt mir nur ein Wort,
    O bester Herr!
Othello. Oh! ich vergaß dich. – Komm herein, Emilia!
    Sacht – gleich! Sogleich! – Ich zieh den Vorhang zu.
    Wo kommst du her? Was hast du mir zu sagen?
        (Er schließt die Tür auf, Emilia tritt herein.)

---

71. *Being done, there is no pause* (Ist die Tat begonnen, gibt es kein Halten mehr).
72. Es folgt: Desdemona. *O Lord, Lord, Lord!* (O Herr, Herr, Herr!).
73. Diese Regieanweisung findet sich in keiner Vorlage.

E m i l i a. Oh, lieber Herr! Ein sünd'ger Mord geschah.
O t h e l l o. Wie, jetzt?
E m i l i a.   Jetzt eben, Herr!
O t h e l l o. Das hat wahrhaftig nur der Mond verschuldet;
    Er kommt der Erde näher, als er pflegt,
    Und macht die Menschen rasend.
E m i l i a.   ·   Cassio, Herr,
    Bracht' einen jungen Venezianer um,
    Genannt Rodrigo.
O t h e l l o.   Was! Rodrigo tot?
    Und Cassio tot?
E m i l i a.   Nein, Cassio ist nicht tot.
O t h e l l o.
    Cassio nicht tot? Dann klingt der Mord verstimmt
    Und rauh die süße Rache.
D e s d e m o n a. O ungerechter Mord! –
E m i l i a. Gott! Welch ein Schrei war das?
O t h e l l o. Das? Was?
E m i l i a. O heil'ger Gott! Die Stimme meiner Frau!
    Helft, helft, o helft! O Teure, sprecht noch einmal!
    O Desdemona! süße Herrin, sprecht! –
D e s d e m o n a. Ich sterbe schuldlos.
E m i l i a.   Oh! Wer hat die Tat vollbracht?
D e s d e m o n a. Niemand – ich selbst – leb wohl!
    Empfiehl mich meinem güt'gen Herrn – leb wohl! –
        (⟨Sie stirbt.⟩)
O t h e l l o. Wie wär' sie denn ermordet?
E m i l i a.   Gott! wer weiß es?
O t h e l l o. Du hört'st es von ihr selbst, ich tat es nicht.
E m i l i a. So sagte sie, so muß ich's treu berichten.
O t h e l l o. Sie fuhr als Lügnerin zur Flammenhölle;
    Ich war ihr Mörder.
E m i l i a.   So mehr Engel sie,
    Und du so schwärzrer Teufel!
O t h e l l o. Sie fiel der Sünd' anheim und ward zur Hure.
E m i l i a. Nein, du belügst sie und du bist ein Teufel.
O t h e l l o. Sie war wie Wasser falsch.
E m i l i a. Und du bist wild wie Feuer, wenn du sie
    Der Falschheit zeihst; o sie war himmlisch treu! –
O t h e l l o. Cassio verführte sie: frag deinen Mann:

Verdammt wär' ich zum tiefsten Höllenabgrund,
Wenn ich nicht vorschritt auf gerechtem Grund
Zu diesem Äußersten; – dein Mann weiß alles.
Emilia. Mein Mann?
Othello.   Dein Mann.
Emilia.   Daß sie die Ehe brach? –
Othello. Ja doch, mit Cassio. Wär' sie treu gewesen –
Und schuf mir eine zweite Welt der Himmel
Aus einem fehllos reinen Chrysolith,
Ich gab sie nicht dafür.
Emilia.   Mein Mann! –
Othello. Jawohl, er war's, der mich zuerst gewarnt,
Er ist ein Ehrenmann und haßt den Schlamm
Schandbarer Greueltat.
Emilia.   Mein Mann?
Othello. Wozu die Wiederholung, Weib?
Ich sage dir, dein Mann.
Emilia. O teure Frau, Bosheit treibt Spott mit Liebe!
Mein Mann sagt, daß sie falsch ist?
Othello.   Weib! er sagt's,
Dein Mann, dein Mann, verstehst du?
Mein Freund, dein Mann, der wackre, wackre[74] Jago.
Emilia. Sagt' er's, mag ihm die gift'ge Seele täglich
Verfaulen um 'nen Gran! Er lügt als Schelm[75];
Sie liebte nur zu sehr ihr kläglich Bündnis.
Othello. Ha!
Emilia.   Tu dein Ärgstes;
So wert ist diese deine Tat des Himmels
Als ihrer du.
Othello.   Am besten wohl, du schwiegst.
Emilia. Du hast nicht halb die Kraft, mir weh zu tun,
Als ich's zu tragen. Dummkopf! blöder Tor! –
Hirnlos, wie Kot: die Tat, die du getan –
Was kümmert mich dein Schwert? Ich mach es kund,
Und gält' es zwanzig Leben. Helft, helft, helft!
Der Mohr hat meine Frau erwürgt: Mord! Mord!
    (Montano, Gratiano und Jago treten auf.)

74. *honest* (ehrlich).
75. *to th' heart* (absolut).

M o n t a n o. Was geht hier vor? Was gibt es, General?
E m i l i a. O kommst du, Jago? – Ei, du machst es schön,
  Daß andre ihre Mordtat auf dich schieben.
G r a t i a n o. Was geht hier vor?
E m i l i a.
  Straf diesen Bös'wicht Lügen, wenn du Mann bist.
  Er spricht: Du sagtest ihm, sein Weib sei falsch,
  Ich weiß, das tatst du nicht, du bist kein Schelm: –
  Sprich, denn mein Herz ist voll.
J a g o. Ich sagt' ihm, was ich dachte; sagt' auch nichts,
  Als was er selbst glaubwürdig fand und wahr.
E m i l i a. So hast du je gesagt, sie sei nicht treu?
J a g o. Ich tat's.
E m i l i a. Das war 'ne Lüge; schnöde, höllische Lüge:
  Bei Gott, 'ne Lüge, recht verdammte Lüge:
  Sie falsch mit Cassio? Sagtest du, mit Cassio?
J a g o. Mit Cassio, Weib: still! Bänd'ge deine Zunge.
E m i l i a. Die Zunge bänd'gen? Reden will ich laut:
  In ihrem Bett liegt meine Frau ermordet.
A l l e. O Gott verhüt' es!
E m i l i a. Und dein Verhetzen stiftete den Mord.
O t h e l l o.
  Nein, starrt nicht so, Ihr Herrn, 's ist wirklich wahr.
G r a t i a n o. Unsel'ge Wahrheit!
M o n t a n o.   Ungeheure Tat! –
E m i l i a. O Büberei, verruchte Büberei! –
  Ich denke dran – ich denk – ich merk's – o Büberei!
  Ich dacht' es gleich – vor Gram möcht' ich mich töten!
  O Büberei! –
J a g o. Was, bist du toll? Geh gleich nach Haus, befehl ich.
E m i l i a. Ihr edlen Herrn! Vergönnt mir, daß ich rede.
  Ihm zu gehorchen ziemt mir, doch nicht jetzt.
  Vielleicht geh ich nie mehr nach Hause, Jago.
O t h e l l o *(blickt auf Desdemona).*[76]
  Oh, oh, oh, oh!
E m i l i a.   Ja, wirf dich hin und brülle,
  Weil du gemordet hast die holdste Unschuld,
  Die je den Blick erhob.

---

76. Bühnenanweisung der Quarto: fällt auf das Bett.

Othello.   Oh, sie war schlecht –
     Ich sah Euch jetzt erst, Ohm: ja, diese Hand
     Hat wirklich Eure Nichte jetzt ermordet.
     Ich weiß, die Tat sieht greulich aus und schwarz.
Gratiano.
     Du armes Kind! – Gut, daß dein Vater starb;
     Dein Bündnis ward ihm tödlich; – Gram allein
     Zerschnitt den alten Faden; lebt' er jetzt,
     Der Anblick würd' ihn in Verzweiflung stürzen,
     Daß er den guten Engel von sich fluchte,
     Sein Seelenheil gefährdend.
Othello. Ja, es ist jammervoll! Doch Jago weiß,
     Daß sie die schnöde Tat mit diesem Cassio
     Wohl hundertmal beging: Cassio gestand's,
     Und sie vergalt ihm seine Liebesglut
     Mit dem Gedächtnispfand und Brautgeschenk,
     Das ich ihr gab; ich sah's in seiner Hand;
     Es war ein Tuch, ein altes Angedenken,
     Das einst mein Vater meiner Mutter gab.
Emilia. O all ihr Himmelsmächte!
Jago.   Willst du schweigen?
Emilia. Es muß heraus, heraus! Jetzt schweigen? Nein,
     Nein, ich will reden, ungehemmt, wie Nordwind.
     Laß Himmel, Menschen, Teufel, alle, alle,
     Schmach rufen über mich, ich rede doch! –
Jago. Sei klug und geh nach Haus.
Emilia.   Ich will nicht.
          (Jago macht Miene, sie zu erstechen.)
Gratiano.   Pfui!
     Den Degen auf ein Weib? –
Emilia. O dummer Mohr! Das Tuch, von dem du sagst,
     Fand ich durch Zufall und gab's meinem Manne;
     Denn oft mit feierlichem Ernst und Nachdruck
     (Mehr, als für solche Kleinigkeit sich ziemte)
     Hieß er's mich stehlen.
Jago.   Du verdammte Metze!
Emilia. Sie gab es Cassio? – Nein, ach nein! Ich fand's
     Und gab es meinem Mann.
Jago.   Ausbund! du lügst.
Emilia. Bei Gott, ich log nicht, nein, Ihr edlen Herrn!

Blutdürst'ger Narr! Was sollt' auch dieser Tropf
Mit solcher guten Frau? –
   (Jago ersticht seine Frau und läuft fort.)
O t h e l l o. Gibt's keinen Keil im Himmel
  Als nur zum Donner? – Auserlesner Schurke![77]
G r a t i a n o. Sie sinkt, wahrhaftig, er erstach sein Weib! –
E m i l i a. Ja, ja, o legt mich neben meine Herrin! –
G r a t i a n o. Er lief davon, doch seine Frau ist hin.
M o n t a n o. 's ist ein Erzbösewicht. – Bewahrt dies Schwert,
  Das ich jetzt hier dem Mohren weggenommen.
  Besetzt die äußre Tür, laßt ihn nicht durch;
  Ersticht ihn eh' – Ich will dem Buben nach,
  Denn der ist ein verdammter Hund.
   (⟨Montano und Gratiano ab.⟩)
O t h e l l o. Ich bin auch nicht mehr tapfer:
  Nein, jeder winz'ge Knab' entführt mein Schwert.
  Was soll auch Ehre Tugend überleben? –
  Fahr' alles hin.
E m i l i a.   Was deutete dein Lied?
  Hörst du mich noch? Ich will dem Schwane gleich
  In Wohllaut sterben. Weide, Weide, Weide! –
  Mohr, sie war keusch; sie liebte dich, Barbar!
  So werde Heil mir, als ich Wahrheit zeuge;
  Und redend, wie ich denke, sterb ich – sterb ich.
   (Sie stirbt.)
O t h e l l o. Ich hab noch einen Degen hier im Zimmer,
  Es ist ein spanisch Schwert, in Eis gehärtet.
  Aha, hier ist's! – Oheim, ich muß hinaus.
G r a t i a n o *(draußen)*.
  Wenn du's versuchst, wirst du es teuer büßen,
  Du bist wehrlos und mußt dich unterwerfen.
O t h e l l o. So komm denn hier herein und sprich mit mir,
  Sonst mit der nackten Faust fall ich dich an.
G r a t i a n o *(im Hereintreten)*.
  Was willst du mir?
O t h e l l o.   Sieh her, ich hab ein Schwert!
  Ein beßres hat noch nie geschmückt die Hüfte
  Eines Soldaten. Wohl war einst der Tag,

---

77. Bühnenanweisung der Quarto an dieser Stelle: Der Mohr stürzt au[f]
Jago zu. Jago tötet seine Frau.

Wo mir der kleine Arm, dies gute Schwert
Den Ausgang schaffte durch mehr Hindernis
Als zwanzigmal dein Zwang. Doch eitles Prahlen!
Wer lenkt sein Schicksal? Das ist jetzt vorbei. –
Seid nicht erschreckt, ob Ihr bewehrt mich seht;
Hier ist mein Reiseziel, mein Ankerplatz,
Die fernste Seemark für mein ruhend Schiff.
Trittst du zurück in Furcht? Du bangst umsonst;
Zück nur ein Schilfrohr auf Othellos Brust,
Er weicht ihm. Wohin sollt' Othello gehn? –
Ach, wie siehst du nun aus, o Kind des Jammers,
Bleich, wie dein Tuch! Wenn wir am Thron erscheinen,
Wird dies dein Bild mich fort vom Himmel schleudern,
Wo Furien mich ergreifen. Kalt, mein Mädchen?
Wie deine Keuschheit!
O du verfluchter Sklav'! Peitscht mich, ihr Teufel,
Weg von dem Anblick dieser Himmelsschönheit!
Stürmt mich in Wirbeln! Röstet mich in Schwefel,
Wascht mich in tiefen Schlünden flüss'ger Glut!
O Desdemona, Desdemona, tot? –
Tot? Oh! oh! oh!

Lodovico, Cassio, der geführt wird, Montano, Jago als
Gefangener und Offiziere.)

Lodovico. Wo ist der rasche, höchst unsel'ge Mann? –
Othello. Hier steht, der einst Othello war: hier bin ich.
Lodovico. Wo ist die Natter? Führt den Buben vor!
Othello. Ich seh ihm auf den Fuß; doch das ist Fabel –
   Bist du ein Teufel, kann ich dich nicht töten.
      (Othello verwundet den Jago.)
Lodovico. Nehmt ihm sein Schwert!
Jago.   Ich blute, doch ich lebe.
Othello.
   Sonst tät' es mir auch leid. Du sollst noch leben;
   Denn wie ich fühl, ist Tod Glückseligkeit.
Lodovico. O du, Othello! sonst so groß und gut,
   Umgarnt von Schlingen eines Bösewichts!
   Was soll man von dir sagen?
Othello.   Was man will:
   Daß ich ein ehrenvoller Mörder sei;
   Denn nichts tat ich aus Haß, für Ehre alles.

L o d o v i c o.
    Halb hat der Sklav' sein Bubenstück bekannt.
    Habt Ihr mit ihm in Cassios Tod gewilligt?
O t h e l l o. Ja.
C a s s i o.   Teurer Herr, ich gab Euch niemals Grund.
O t h e l l o. Ich glaub es, und ich bitt um dein Verzeihn.
    Wollt Ihr von diesem Teufel wohl erfragen,
    Warum er Seel' und Leib mir so verstrickt? –
J a g o.
    Fragt mich um nichts mehr, was Ihr wißt, das wißt Ihr.
    Von dieser Stund' an rede ich kein Wort.
L o d o v i c o. Was? Nicht zum Beten?
G r a t i a n o.   Folter wird dich's lehren
O t h e l l o. Gut, du tust so am besten.
L o d o v i c o. Ihr sollt erfahren, Herr, was sich begab,
    Noch, glaub ich, wißt Ihr's nicht: hier ist ein Brief,
    Der sich in Roderigos Tasche fand,
    Und hier ein zweiter. Jener dort enthält,
    Wie Roderigo aufgefordert ward
    Zu Cassios Tod.
O t h e l l o. Nichtswürdiger!
C a s s i o.   Höchst heidnisch, höchst verrucht
L o d o v i c o.
    Ein andrer Brief, verstimmt und voller Zweifel,
    Gefunden auch bei ihm; und diesen, scheint's,
    Wollt' Roderigo an den Schurken senden,
    Doch kam indes wohl Jago selbst zu ihm,
    Ihn zu beruhigen.
O t h e l l o.   Meuchlerischer Hund! –
    Wie kamst du, Cassio, denn zu jenem Tuch
    Von meiner Frau? –
C a s s i o.   Ich fand's auf meinem Zimmer;
    Und er gestand in diesem Augenblick,
    Daß er's dort fallen ließ aus eigner Absicht,
    Zu schlechtem Zweck.
O t h e l l o.   O Tor! O blöder Tor!
C a s s i o. Dann ferner steht in Roderigos Brief
    Der Vorwurf, wie ihn Jago aufgehetzt,
    Mir auf der Wacht zu trotzen, was bewirkte,
    Daß ich entsetzt ward, und noch sagt' er eben

(Erwacht vom Scheintod), daß ihn Jago reizte,
Mich anzufallen, und ihn dann erstach.

L o d o v i c o. Ihr müßt jetzt mit uns dieses Haus verlassen,
Gewalt und Vollmacht sind Euch abgenommen;
Cassio befiehlt in Zypern. Dieser Bube –
Gibt's irgendeine recht geschärfte Marter,
Die lang ihn hinhält und erfindrisch quält,
Die sei für ihn. Ihr bleibt in strenger Haft,
Bis über Eure Tat berichtet ward
Dem Staat Venedigs. Geht, und führt ihn weg.

O t h e l l o. Gemach! – Nur noch zwei Worte, eh' Ihr geht.
Ich tat Venedig manchen Dienst, man weiß es:
Nichts mehr davon. – In Euren Briefen, bitt ich,
Wenn Ihr von diesem Unheil Kunde gebt,
Sprecht von mir, wie ich bin – verkleinert nichts,
Noch setzt in Bosheit zu. Dann müßt Ihr melden
Von einem, der nicht klug, doch zu sehr liebte;
Nicht leicht argwöhnte, doch einmal erregt,
Unendlich raste: von einem, dessen Hand,
Dem niedern Juden[78] gleich, die Perle wegwarf,
Mehr wert als all sein Volk; des überwundnes Auge,
Sonst nicht gewöhnt zu schmelzen, sich ergeußt
In Tränen, wie Arabiens Bäume taun
Von heilungskräft'gem Balsam – schreibt das alles;
Und fügt hinzu: daß in Aleppo, wo
Ein gift'ger Türk' in hohem Turban einst
'nen Venezianer schlug und schalt den Staat –
Ich den beschnittnen Hund am Hals ergriff
Und traf ihn – so! *(Er ersticht sich.)*

L o d o v i c o.   O blut'ges Ende!

G r a t i a n o. Umsonst nun unser Wort.

O t h e l l o.   Ich küßte dich,
Eh' ich dir Tod gab – nun sei dies der Schluß:
Mich selber tötend sterb ich so im Kuß.

C a s s i o.
Dies fürchtet' ich – doch glaubt' ihn ohne Waffen –,
Denn er war hochgesinnt.

---

78. Nach der Quarto: *Indian* (Inder); von den Indern wurde behauptet,
daß sie wertvolle Schätze geringachteten. Baudissin übersetzt nach der
Folio *(Judean)*; eine Anspielung auf Judas ist nicht ausgeschlossen.

L o d o v i c o.   Spartan'scher Hund,
    Verderblicher als Hunger, Pest und Meer!
    Schau dort die trag'sche Bürde dieses Betts:
    Das ist dein Werk. Das Aug' erliegt dem Anblick;
    Verhüllt ihn. Ihr, Gratiano, bleibt im Schloß
    Und nehmt des Mohren Güter in Beschlag,
    Denn Ihr beerbt ihn.
    (Zu Cassio.)   Euch, Herr Gouverneur,
    Liegt ob das Urteil dieses höll'schen Buben;
    Die Zeit, der Ort, die Marter – schärft, o schärft sie
                            ihm! –
    Ich will sogleich an Bord und dem Senat
    Mit schwerem Herzen künden schwere Tat.
            (Alle gehen ab.)

ZU DIESER AUSGABE

Shakespeares *Othello* wurde erstmals 1622 in einer Quarto-ausgabe veröffentlicht. Die im folgenden Jahr erschienene Gesamtausgabe seiner Werke (nach dem Format kurz »Folio« genannt) enthält einen Text, der teils auf dem der Quarto basiert, teils von ihm abweicht. Einem heutigen Lesetext liegen diese beiden Fassungen zugrunde, wobei sich die einzelnen Herausgeber über den Vorzug der einen oder anderen noch nicht ganz einig sind. Dennoch stimmen die Texte der modernen Gesamt- und Einzelausgaben, die hier verglichen wurden, im wesentlichen miteinander überein.

Grundlage der vorliegenden Edition ist die Übersetzung von Wolf Heinrich Graf Baudissin in der Fassung der Schlegel-Tieck-Baudissin-Gesamtausgabe von 1843. Orthographie und Interpunktion wurden behutsam modernisiert.

Stellen, die Baudissin teils unbeabsichtigt, teils auf Grund heute nicht mehr akzeptierter Lesarten seiner englischen Ausgabe sinnwidrig übersetzte, erscheinen als Fußnoten im englischen Original und in möglichst wörtlicher Übersetzung des Herausgebers. Daneben bietet der Dramentext manche Schwierigkeiten, die sowohl im Original als auch in der Baudissinschen Übersetzung immer noch umstritten sind und diskutiert werden müßten. Dies kann jedoch nicht in dieser Ausgabe geschehen, die einen einfachen Lesetext bietet.

Othello wurde zwischen 1602 und 1604, bald nach *Hamlet* und vor *King Lear* geschrieben. Eine Aufführung bei Hofe, die möglicherweise jedoch nicht identisch mit der Uraufführung ist, wird für den Herbst 1604 bezeugt. Den Stoff der Handlung fand Shakespeare in einer der Geschichten Giraldi Cinthios aus der Sammlung *Hecatommithi* (1565). Weitere Anregungen gaben ihm möglicherweise Geoffrey Fentons *Certaine Tragicall Discourses* (vgl. die Episode des »Türken von Aleppo« in der letzten Szene). Mit Sicherheit benutzte er Kardinal Contarinis *Commonwealth and Government of Venice* für Informationen über die politische Konstitution

Venedigs. Schließlich lieferte ihm Plinius' *Naturalis Historia* in der Übersetzung Philemon Hollands einige exotische Details zur Charakterisierung des Titelhelden. Beim Vergleich mit diesen »Quellen« erweist sich jedoch weniger Shakespeares Abhängigkeit von seinem Material als vielmehr seine Souveränität in der dramatischen Behandlung des Stoffes.

Richard Burbage, der führende Schauspieler in Shakespeares Truppe »The King's Men«, verhalf als Mohr sich und der Tragödie sofort zu größtem Erfolg. Ein Zeitgenosse, Leonard Digges, äußerte sich mit abfälligem Hinweis auf Ben Jonsons Tragödien über die Popularität des Stücks

> *They prized more*
> *Honest Jago, or the jealous Moor.*

Othello hat diese Popularität auf dem Theater behalten, auch in Deutschland seit Wielands erster Übersetzung und erst recht in der Übertragung Baudissins, die bisher von keiner modernen verdrängt werden konnte. Auf eine andere Art »unsterblich« wurde Shakespeares *Othello* durch Verdis gleichnamige Oper, zu der Boito, sich teilweise eng an die Worttragödie anlehnend, das Libretto schrieb.

Hingewiesen sei auf die neue zweisprachige Ausgabe des Stückes (mit Prosaübersetzung und Kommentar) in Reclams Universal-Bibliothek Nr. 9830 [3]

ZEITTAFEL

(Die Jahreszahlen sind meist nur ungefähre Anhaltspunkte)

April 1564 William Shakespeare wird in Stratford-on-Avon
geboren und am 26. April getauft.

1582 Shakespeare heiratet Anne Hathaway.

1586 oder später geht er nach London als Schauspieler
und Teilhaber wichtiger Schauspieltruppen.

1593 *Venus and Adonis* im Stationer's Register, dem
Register der Londoner Buchdrucker- und Buch-
händlergilde, eingetragen.

1594 *The Rape of Lucrece* eingetragen.

Bis 1594 sind folgende Stücke geschrieben und aufgeführt
worden:
Henry VI (drei Teile)
The Two Gentlemen of Verona
The Comedy of Errors
The Taming of the Shrew
Richard III (1597)*
Titus Andronicus (1594)
Love's Labour's Lost (1598)

1594–1597 *Romeo and Juliet* (1597 Raubdruck, 1599)
A Midsummer Night's Dream (1600)
Richard II (1597)
King John
The Merchant of Venice (1600)

1597–1600 *Henry IV* (Erster Teil, 1598)
Henry IV (Zweiter Teil, 1600)
Henry V (1600 Raubdruck)
Much Ado about Nothing (1600)
Merry Wives of Windsor (1602 Raubdruck)
As You Like it
Julius Caesar
Troilus and Cressida (1609)

Die Zahlen in Klammern bezeichnen das Jahr des Erstdrucks. Alle
anderen Stücke liegen zum ersten Mal in der Folio von 1623 gedruckt vor.

1598	Francis Meres' *Palladis Tamia* erscheint. Das Werk enthält eine freundliche Beurteilung des bis dahin vorliegenden Werkes Shakespeares.
1599	Eröffnung des Globe Theatre. Hier spielte Shakespeares Truppe *The Lord Chamberlain's Men* (ab 1603 *The King's Men*).
1601	*The Phoenix and the Turtle* veröffentlicht.
1602	*Hamlet* (1603 Raubdruck, 1604)
	All's Well that Ends Well
1603	Königin Elisabeth I. stirbt.
1604	*Othello* (1622)
	Measure for Measure
1605	*King Lear* (1608)
1606	*Macbeth*
1607	*Antonius and Cleopatra*
1608	*Coriolan*
	Timon of Athens
	Pericles (1609)
1609	*Sonnets* und *A Lover's Complaint* veröffentlicht, sicher aber eher verfaßt.
	Cymbelin
1611	*The Winter's Tale*
	The Tempest
1613	*Henry VIII* (Verfasserschaft umstritten)
23. April 1616	Shakespeare stirbt in Stratford-on-Avon und wird dort begraben.
1623	Die erste Gesamtausgabe seiner Werke, die sogenannte *First Folio*, erscheint, Herausgeber sind die Schauspieler Heminges und Condell.